图书馆文献资源建设与智慧化管理研究

袁宏伟　王　智　主编

中国出版集团

中译出版社

图书在版编目（CIP）数据

图书馆文献资源建设与智慧化管理研究 / 袁宏伟，
王智主编. -- 北京 : 中译出版社, 2024. 6. -- ISBN
978-7-5001-7975-7

Ⅰ. G253；G251-39

中国国家版本馆CIP数据核字第20245L4E97号

图书馆文献资源建设与智慧化管理研究

TUSHUGUAN WENXIAN ZIYUAN JIANSHE YU ZHIHUIHUA GUANLI YANJIU

出版发行：中译出版社

地　　址：北京市西城区新街口外大街28号普天德胜大厦主楼4层

电　　话：010-68002494

邮　　编：100088

电子邮箱：book@ctph.com.cn

网　　址：www.ctph.com.cn

著　　者：袁宏伟　王　智

责任编辑：刘　钰

印　　厂：河北文盛印刷有限公司

规　　格：710mm×1000mm　1/16

印　　张：13

字　　数：205千字

版　　次：2024年6月第1版

印　　次：2025年1月第1次

ISBN 978-7-5001-7975-7　　　　　　定价：68.00元

版权所有　侵权必究

中 译 出 版 社

图书若有质量问题，请拨打以下电话进行调换。

电话：010-59625116

前言

在信息化社会的快速发展背景下，信息技术的日新月异和数字化浪潮的全面来袭，对图书馆这一历史悠久的知识信息集散地造成了深远的影响。图书馆如今不仅肩负着保存、传承以及提供文献资源的传统使命，更需积极应对由数字化、网络化所引发的一系列新挑战。为实现文献资源的高效管理和优质服务，图书馆必须走向智慧化，充分利用现代信息技术，创新服务模式，提升用户体验。

本书围绕"图书馆文献资源建设与智慧化管理研究"这一主题，从基础理论出发，深入探讨文献资源建设的目标与原则、流程与方法，以及评估与优化的策略。随后，分析智慧图书馆的理论框架与技术应用，包括从传统图书馆到智慧图书馆的转型，智慧图书馆的特征、要素与功能及其关键技术。在此基础上，本书详细阐述图书馆文献资源的智慧化采集与整理、共享与合作研究，以及古籍文献的数字化保护与利用。最后，探讨智慧图书馆的服务创新实践研究，包括个性化推荐与智能咨询以及用户体验与优化。本书旨在为读者提供全面、系统的图书馆文献资源建设与智慧化管理的理论与实践指导。

本书力求结构严谨且内容全面，注重理论与实践的结合，同时希望展现前瞻性和创新性，尤其是在智慧图书馆方面提出新颖见解。流畅通俗的语言，使读者能轻松理解抽象概念，是图书馆学领域较具价值的参考书。

在创作本书过程中，笔者获得了许多专家和学者的帮助与指导，在此表示衷心的感谢。由于笔者的能力有限，加之时间紧迫，书中可能存在一些遗漏之处，希望读者能够提供宝贵的意见和建议，以便笔者进一步修订，使其更加完善。

编者

2024年1月

目 录

第一章 图书馆文献资源建设的基础理论

第一节 文献资源的概念、特点与分类

一、文献的概念及构成

文献，既是图书情报工作最重要的基本要素，也是图书馆学、情报学研究的基本范畴之一，更是文献资源建设的直接对象。因此，了解有关文献的基本概念，掌握文献的基本知识，从整体上把握现代文献的特征和规律，熟悉现代文献类型的划分，对于有效地进行文献资源建设具有十分重要的意义。

文献是信息和知识所依附的主要载体和主要来源。人类在社会生产和社会生活的实践活动中产生了知识，用文字、图形、符号、声频、视频等技术手段将人类知识记录在物质载体上或固化在一定物质载体上，这样就形成了文献。

（一）文献概念的演变

文献的概念是随着历史的发展而变化的。在我国，文献的概念起源于春秋时代，最早见于《论语·八佾》，孔子说："夏礼，吾能言之，杞不足征也；殷礼，吾能言之，宋不足征也。文献不足故也。足，则吾能征之矣。"这段话的大意是，孔子知道夏代和殷商的制度，但对于杞国和宋国的制度不了解，原因是这两国没有足够的文献可做依据，如果有了足够的文献，就完全可以了解了。

对于文献，宋代的朱熹在《四书章句集注》中注释为："文，典籍也。献，贤也。"典籍是指有关典章制度的文字资料；而献同"贤"，是指阅历丰富、满腹经纶的贤人。这说明古人治史，不仅要依靠文字资料，而且要请教那些贤人。可见，那时的"文献"一词包含着"典籍"和"贤人"两个方面的含义。

　　到了宋末元初，"文献"的概念发生了变化。元代马端临在《文献通考·总序》中对"文献"做了比较具体的诠释。他认为，凡经史、会要，百家传记藏书，信而有证者，谓之文；凡臣僚之奏疏、诸儒之评论、名流之燕谈、稗官之记录等，一话一言可以订典故之得失，证史传之是非者，为之献。可见，这时的"文献"是指文字资料和言论资料。后来，随着历史的发展，"文献"的含义又逐渐演化为专指那些具有历史价值的文章和图书，而"贤"的含义逐渐消失了，其外延比古代有些缩小。

　　到了现代，随着科学技术的迅速发展，出现了各种各样的知识信息载体材料，发明了各种各样记录知识信息的方式，涌现了大量不同类型的文献，文献概念的外延也在不断扩大。这时，文献除包括原来意义上的文章和图书外，还泛指一切知识信息载体。

　　现代对文献在概念上的理解有广义和狭义之分。在我国，文献信息界对"文献"一词基本是持广义的理解。我国颁布的《中华人民共和国国家标准·文献著录总则》（GB 3792.1–83）对文献定义为："记录有知识的一切载体。"《西文文献著录条例》说文献是"以文字、图形、符号、声频、视频等手段将知识记录于各类载体"。

　　在国外，文献一词使用的是item，而且对它是持狭义的理解，即馆藏书目文献。国际标准化组织《文献情报术语国际标准》（ISO/DIS 5217）对文献的描述是："在存贮、检索、利用或传递记录信息的过程中，可作为一个单元处理的，在载体内、载体上或依附载体而存贮有信息或数据的载体。"

　　《国际标准书目著录（总则）》[General International Standard Bibliographic Description，简称ISBD （G）]规定，item是指作为一个单独书目描述的、以任何实体形式出现的一部文献、一组文献或某一文献的一部分。

　　《英美编目条例（第二版）》（Anglo–American Cataloguing Rules, second edition，简称AACR2）也规定，item是指作为一个单独书目描述依据，以任何形式出版、发行或作为一个实体处理的一部文献或一组文献。上述两个定义的一部文献和一组文献，英文词分别使用a document和set of documents。据此可以认为，编目学中的文献并非广义的文献，而是指书目文献（Bibliographicitem），即作为一个单独的书目描述依据的，以一个实体出版、发行或作为一个实体处理的一部文献或一组文献。

现在对文献通常理解为：将知识和信息以一定方式记录在特定的载体上的集合体称为"文献"。也就是说，文献是记录、积累、传播和继承知识与信息的最有效手段，是人类社会活动中获取情报的最基本、最主要的来源，也是交流传播信息和知识的最基本手段。正因为如此，人们把文献称为信息工作的物质基础。在国内外，都常常可以看到有人把"文献"与"情报"、"文献学"与"情报学"等同起来，虽然这种等同未必适宜，但却反映了文献在信息活动和科学中的极为重要的地位。

（二）文献的构成要素（文献的组成）

随着人类社会的发展和科学技术的进步，社会的文献量越来越多，文献的载体也呈现出多种多样的类型。但无论其内容和形式发生什么变化，其文献构成要素总是共同和一定的。这些要素包括知识信息内容、信息符号、记录方式、载体材料。

1. 知识信息内容

文献记录的内容是人类在生产和社会活动中获得的、经过总结和积累的、希望广泛流传和长期保存的知识和信息。这些人类创造和积累的知识财富经过物化到一定的载体上，就成为文献。文献是人类思想和智慧的结晶。人类生产、传递、保存和利用文献，实质上都是针对文献的知识信息内容，其主要目的都是记录、传播和保存知识信息，若离开了知识信息内容，则文献的生产、传递、保存和利用也就失去了意义。文献的本质是知识信息，没有知识信息的内容就不能称为文献。所以说，知识信息是文献的核心与灵魂，知识信息内容是文献的最基本要素。

2. 信息符号

信息符号是文献信息内容的标识符号和表达手段。信息只有用被赋予特定含义的符号表示出来，才能进行信息的存贮和传播。信息符号是不断演化的，经历过结绳、刻木、画像、文字、图形、编码、声频、视频等。其中，文字符号是人类最常用的信息符号，它的产生和发展标志着人类文明的进步和发展。文献中的信息符号系指图画、文字、公式、图表、编码、声像和电磁信息符号等。

（1）图画：是最早的文献信息符号。在文字出现以前，人类就用图画来表达精神信息，图画的独到之处在于较强的直观性，读画人（信宿）无须接受文字训练就可与作画人（信源）沟通。此外，图画让人们保持注意力和记忆力的作用比文字更大。因此以图代文，让人们在最短时间内有效地获取最大容量的信息，成为今天一切宣传媒介设计所注重的方式。

（2）文字：是有声语言信息的书面表达形式，由图画演变而来。图画对于表达抽象思维信息的无能为力可由文字来弥补。文字用一套书写符号来记录、表达语言要素（词、词素、音节、音素等）。但文字的特点在于高度概括性、使用的随意性、音义的双重性，也往往导致只可意会、无法言传的模糊语言，导致词不达意、一音多义、一语多音的现象，给信息交流造成误解。这说明人工符号永远只能接近表述信息的原意。

（3）声像：声像信息指留在唱片、录音带上的声频信息和摄录在胶卷、录像带上的视频信号。

（4）电磁信息符号：是指计算机可读磁盘或光盘上的信息符号，由二进制的0和1构成，这些信息符号不是我们的感官能直接提取的，而是必须通过计算机解读。

在现代社会中，人类除了继续使用文字符号外，还同时利用声频、视频、编码等多种信息符号。声频和视频所反映的信息形象直观，最易于被人们直接识别和理解；编码符号通常是一些经过人工编排处理和加工转换的字符，文献的信息内容被转换成编码后，人与计算机都能识别处理，使得信息内容的存贮和加工、检索和传递的速度大大加快。

3. 记录方式

文献的记录方式就是将知识和信息通过特定的人工记录方式物化到人工附载物上，或者是把知识和信息从一种载体上物化到另一种载体上。

文献的记录方式反映了不同时代科技发展的水平。文献的记录方式经历了刻画、手写、印刷、打字、拍摄、录制、复印和计算机输入等。在印刷术未发明以前，手写是记录文献的主要方式。在印刷术发明以后，手写依然存在，但印刷占主导地位。随着新型载体材料的不断出现，拍摄、录制、计算机输入等方式的出现，反映了文献记录方式的现代化。

（1）知识的记录方式。

人脑：知识信息记录的第一种方式，也是最原始的方式，就是记忆在人的大脑之中，通过人们互相之间的交往、言传身教，使知识得到传播。

实物：知识信息记录的第二种方式，就是物化于实物之中，即依附于器皿、文物、样品、样机等实物上，人们必须通过对实物进行分析研究，才能认识和吸收其中的知识信息。

文献：知识信息记录的第三种方式，也是最主要的方式，就是文献记录。文献就是用一定的符号，通过一定的方式将知识信息记录在一定的材料上，如甲骨、简策、纸张、胶片、磁带、磁盘、光盘等。通常，只有将知识信息记录在这些载体材料上，才能称为文献。而记录知识信息的人脑和各种实物，一般则不能称为文献。

（2）文献的记录方式。

按记录的形式：可分刀刻、手写、打字、摄制、印刷、机录和光感等。其中最常见的是印刷。

按记录的载体：可分文字型、声频型、视频型和代码型等。

按记录的方法：可分手工记录、机械记录、光记录、电记录、声记录和磁记录。

现在流行的记录形式：有热敏记录、激光记录、喷墨记录、热转印记录等。热敏记录以热敏纸作为载体，靠热敏头发热，使热敏纸变色。其他方式均采用普通纸作为载体，激光记录是靠激光束照射硒鼓将墨粉附着在复印纸上，喷墨记录是使用液体墨水通过喷墨头记录在复印纸上，而热转印记录则是通过热敏头加热色带印字在复印纸上。

随着科技的发展，文字记录可以转变为数字记录，并用电子方法存贮到磁介质上去。光学字符识别（Optical Character Recognition，OCR）技术就代表了这种崭新的技术，通过光学方法对字符、标记表示的书面数据进行自动识别，转换成机器可以处理的信息，这样就实现了纸质文献信息向电子信息的转换，而且可以通过不同接口装置向不同设备输入数据，这些设备进而与通信网络相连，实现远距离数据传送。

4. 载体材料

载体材料是记录知识和信息符号的物质材料，也是信息和知识内容传播的媒介。知识信息内容固然重要，但如果离开载体材料，知识信息内容也就无从传播交流。

作为载体材料应该具有适合知识和信息存储、传播和保存的特性：①载体材料要能够长期保存，具有性能的稳定性，同时文献信息的传播不受时间和空间的限制；②载体材料要有较高的信息存储量；③载体材料要获取方便，价格低廉，适合大众的利用。

随着科学技术的不断进步，文献的载体材料正向着体积更小、信息容量更大、更便于保存和传递的方向发展。但是，新的载体材料并不能马上替代原来的载体材料，各种载体材料还要并存并用，相互补充。

文献的构成要素表明，文献是一定知识信息和一定物质形式的统一体，是一种特殊的社会产品。信息内容是文献的内在本质，载体材料和载体形态是文献的外在形式，而信息的生产方式则是信息内容与载体材料、载体形态相互结合的中介。可见，载体材料和载体形态相辅相成，缺一不可。

二、文献资源的含义及特点

文献资源建设的根本目的是通过采选文献，最终形成一定的文献资源体系，并向社会提供服务。因此，文献资源的含义、作用、特征等，就成为文献资源建设不可缺少的研究内容。

（一）文献资源的基本含义

资源，一般指天然资源。文献资源是相对于天然资源的一种社会智力资源，是物化了的知识财富，是人们迄今收集、积累、存贮下来的文献资料的总和。文献资源作为一种宝贵的智力资源和信息资源，同水资源、矿产资源等自然资源一样，是人类文明发展必不可少的条件。一个国家文献资源的贫富及其存取水平，是衡量该国文明水准和经济、文化、科学技术等综合国力的重要标志。文献资源的开发、利用程序直接影响到社会的发展与进步。由于历史、经济、文化等诸方面的影响，不同国家的文献资源贫富不均，同一个国家不同地区的文献资源亦多寡不一。一般情况下，发达国家和地区的文献资源比较丰富，经济、文化和科学技术比较落后的国家和地区，其文献资源也相对贫乏。

文献资源是人类社会发展的产物。人类在改造自然界和社会的实践活动中，获得了来自客观世界的各种信息，这些信息经过人脑的提炼和加工，逐渐转化为知识。知识对人类社会的发展有着不可估量的作用。这是因为知识一旦形成，并与劳动者结合起来，就可从潜在的生产力转化为直接和现实的生产力，创造日益丰富的社会物质财富，从而推动人类社会的进步和发展，知识就成为人类社会发展的驱动力。资源，主要是指生产资料和生活资料的自然来源，人类通过不断发现、开发和利用自然资源，不断创造物质财富，为人类提供衣、食、住、行，使人类得以生息、繁衍，使社会不断发展。从知识也能为人类创造物质财富，并能成为人类社会发展驱动力来讲，知识也是一种资源，一种智力资源，但知识必须依赖一定的物质载体才能存在。

在人类社会早期，人类是通过大脑来存贮和传播知识的，由于各种生理因素的制约，就使知识难以在广阔的空间和持续的时间内积累和传播。随着社会生产力的发展，人类打破了自身的束缚，将知识转化为一些有规律的信息符号并在人体以外找到了新的物质载体，这种新的物质载体就是文献。显然，文献当中就蕴藏着人类创造的智力资源。在人类社会的历史长河中，随着文献数量的不断增加和文献负载知识功能的不断加强，文献积累、存贮了人类的所有知识，成为人类知识的"宝藏"。同时，人类在改造自然界和社会的过程中，通过不断开发和利用人类的知识"宝藏"，借鉴前人的经验和同代人的成果，不断创造物质财富，又促进了社会的进步发展。由此可见，文献已经成为人类社会发展的一种不可或缺的资源。文献不断积累、存贮的过程，也就是文献资源不断积累、存贮的过程。文献积累的数量越多，延续的时间越长，文献资源也就越丰富。从这个意义上说，文献资源是迄今为止积累、存贮下来的文献集合。

（二）文献资源的鲜明特点

文献资源与自然资源相比，有其明显的特点。

1. 再生性

文献资源不像自然资源（如煤、石油等）那样随着开发和利用的深入而逐渐枯竭，而是具有再生性，可以多次反复地使用。这是因为，随着人类对文献资源开发利用程度的提高，反过来会更加促进知识的增殖，带来文献数量的增加和文献质量的提高，从而进一步丰富文献资源。人类社会越向前发展，文献资源便会越丰富，可以说文献资源是取之不尽、用之不竭的再生性宝贵资源。将来人们关心的不是文献资源枯竭的问题，而是要去解决因文献资源剧增而带来的文献资源冗杂等一系列问题。

2. 积累性

文献资源的多寡不是先天固有的，而是经过后天不断积累的结果。今天，丰富的文献资源离不开历史上各个时期保存下来的各类文献资源，是古代私人藏书家、官方藏书楼及近现代图书馆、各类文献收藏机构保存下来的人类文明的集合。

3. 可建性

自然资源是天然的、先于人类的客观存在，而文献资源是人类创造的一种知识（智力）资源，它的生产和分布是一种客观现象，但更受制于人类的主观努力，明显受到社会政治、经济、文化诸因素的制约。因此，人们可以通过文献资源建设，采取选择、组织、布局等手段，改造和优化冗杂的文献资源，使文献资源处于有序的分布状态，以有利于人们有目的地去充分开发利用文献资源。

4. 冗余性

文献资源并不是各单位文献简单的相加，相反，庞杂、雷同的文献堆积不仅不会增加文献信息内容的含量，更不会成为体系完备、功能良好的文献资源系统。文献资源建设的具体任务之一就是要把那些重复、交叉，甚至过时无用的文献——冗余文献进行剔除，否则就有可能造成文献信息通道的阻塞，给用户带来困难。

5. 共享性

自然资源多是一次效用、不再复用的资源，而文献资源则是可以同时使用、不分先后使用、异地使用和反复使用的资源。还可以根据需要，在条件允许的情况下，随时对它进行复制、转录、缩微，并且不会改变原来的内容。文献资源的共享性是由文献的社会占有性决定的，文献一旦产生并公布于世，社会公众就有了平等利用的机会。文献以各种方式出版发行的目的，从根本上说，是为了让更多的人去利用它。文献资源的共享性不但为人类在更大范围内进行信息交流创造了条件，更向人们表明文献资源应该属于全人类，人人有权共享全世界的文献资源。随着人们观念的转变和其他条件的成熟，人们的这种美好愿望将会逐步变为现实。文献资源的共享性给我们开展文献资源的共建、共享工作提供了理论依据。

6. 效益性

文献资源的效益性特点表现在时间性和价值潜在性两个方面。

（1）时间性。自然资源只有被开发，才能产生效益，但对它的开发一般不受时间早晚的限制。如对地下矿藏的开发，早开发或晚开发都不会影响其本身效益的发挥。但文献资源则不同，有些文献资源由于其所含信息和知识具有较强或很强的时间性，若不及时开发利用，就会降低或丧失开发效益。与此相反，有些文献资源的开发效益具有潜在性，其开发效益未必马上就能显示出来，但若干年后可能就有很高的使用价值，那时将它开发利用就会产生很大的开发效益，文献资源的效益性特点的时间性和价值潜在性就给图书情报机构的馆藏文献资源剔除等工作增加了难度。同时，也要求文献采选人员在采选文献时，既要收集时效性强的文献，又要采选具有潜在效益的文献。

（2）价值潜在性。文献资源的价值实质是文献载体所含知识内容的价值。在被开发利用之前，这种价值潜在于载体之中，不为人们所见；开发利用之后，这种价值间接体现于某种产品、成果、思想、观念或行为之中，具有隐现性。知识含量越多，产品价值越高，文献资源被开发利用得越好，物质成果和精神成果就越丰富。随着知识经济时代的到来，文献资源的价值是随着文献资源的开发程序而发生变化的，文献资源的价值必将为越来越多的人所认识。现在许多发达国家和地区已把文献资源同能源、材料并列看作社会经济和科学发展的"三大支柱"。随着以知识为依托的知识经济时代的到来，文献资源的作用将更为突出。

三、文献资源的类型划分

当前，世界范围内存在的文献资源是多种多样的，按不同的标准可以划分为多种类别。

（一）按加工深度划分

1. 零次文献

零次文献，亦被称为灰色文献，是指那些未经正式出版或公开交流的原始资料。它们通常以非正式的形式存在，包括但不限于私人笔记、实验记录、设计草图、论文草稿和书信等。这些文献是学术研究中的宝贵财富，因为它们记录了研究者的原始思考、实验过程和创意构思，为后续的学术成果提供了丰富的素材和背景信息。

尽管零次文献在形式上可能较为零散和不规则，但它们对于深入了解学术研究的过程和方法具有重要意义。通过查阅这些原始资料，研究者可以更加全面地了解前人的研究历程，发现新的研究视角和思路，从而推动学术研究的进步。因此，对于学者和研究人员来说，重视和收集零次文献是一项不可或缺的工作。

2. 一次文献

一次文献是文献的基本类型，是人们对已创造的知识进行第一次加工（固化）而成的文字记载，是文献情报源的主要组成部分，也称"原始文献"。一次文献通常是由作者本人直接记载其科学研究成果和生产实践经验的产物，并在社会上公开交流或发表的文献。凡是对所创造的知识进行文字表述的文章，包括论文、科技报告、会议论文、学位论文、专利等，无论存储于何种载体，也无论在撰写过程中是否参考或引用他人的资料，只要是原始资料均为一次文献。一次文献是最主要的文献情报源，是产生二次、三次文献的基础。

3. 二次文献

二次文献也称"检索工具"，是指对数量庞大、发表分散的一次文献进行加工、整理后，按一定系统结构组织形成的各种检索工具，包括目录、题录、文摘等。二次文献不对一次文献提供评论，仅仅提供一次文献的检索线索。也就是说，二次文献是对一次文献进行加工整理后的产物，即对无序的一次文献的外部特征（如题名、作者、出处等）进行著录，或将其内容压缩成简介、提要或文摘，并按照一定的学科或专业加以有序化排列而形成的文献形式。二次文献能比较全面、系统地反映某个学科、专业或专题在一定时空范围内的文献线索，是积累、报道和检索文献资料的有效手段，供人们迅速、准确地查询、检索一次文献的工具。

4. 三次文献

三次文献是在一次文献和二次文献的基础上，通过分析、综合、提炼、重组而形成的再生文献，如主体书评、总数研究、总数报告、百科全书、文献指南、数据手册等。源于一次和二次文献，又高于一次和二次文献，是情报研究的产物和成果，是人们掌握情报源的主要资料。

（二）按载体形式划分

1. 手写型

手写型文献是指在没有发明印刷术之前的古代文献和当今没有付印的、用手写的文献，是以手写或刻写为记录手段，将知识内容记录在纸张、简帛、甲骨等载体上。手写型文献具有很多局限性，但是其中也有许多具有史料价值的重要文献。

2. 印刷型

印刷型文献是以纸张为存贮介质，以印刷为记录手段的文献形式，是最常见的传统文献形式。其优点是便于携带和阅读，其缺点是体积大、长期保管困难。

3. 缩微型

缩微型文献是以感光材料为载体，利用摄影等光学记录技术将印刷型文献缩小许多倍的文献形式，包括缩微胶片、缩微胶卷和缩微卡片等。其优点是信息密度高、体积小、易保管、价格便宜等，其缺点是保存条件高、阅读不方便。

4. 声像型

声像型文献是一种运用现代录音、录像及摄影技术直接记录声音与图像的文献形式，其涵盖唱片、录音带、录像带等多种载体。其特点在于能够同时呈现图文声并茂的信息，为学术研究、教育培训以及文化传承等领域提供了极为宝贵的资料。此类文献不仅具有高度的真实性和生动性，更在信息传递和知识普及方面有着无可替代的优势。

5. 机读型

机读型文献是一种新型载体。主要是通过编码和程序设计，把文献变成符号和机器语言，输入计算机或存储在磁带或磁盘上，阅读时再由计算机输出，转换成文字或图像。此类文献能存储大量情报，可按任何形式组织这些情报，并能以极快的速度从中提取出所需的情报。近年来出现的电子图书即属于这种类型。其优点是可以预处理、存取速读快，其缺点是需要借助计算机设备，不灵活。

6. 网络数字化型

网络数字化型文献可分为光盘型、联机网络型。光盘型文献是采用数字化存储方式，用激光来记录和再现信息的高密度存储介质制成，可同时存储声音、图像和文字等。其优点是存储量大、体积小、重量轻且携带方便。联机网络型文献是指以电子方式或机读方式生产和发行的，并通过电子计算机输出设备和电信网址在视频终端上显示出来的文献。

（三）按出版形式划分

按文献的出版形式划分，是我国图书情报界划分的主要标准。按文献的出版形式划分文献的类型有图书、期刊、报纸、图谱、研究报告、会议文献、专利文献、学位论文、标准文献、档案文献、政府出版物、产品样本等。

1. 图书

图书是指论述或介绍某一学科或领域知识的出版物。图书大多是对已发表的科学技术成果、生产技术知识和经验经过著者的选择、鉴别、核对、组织而成的，论述比较系统，全面可靠，查阅方便。图书是系统掌握各学科知识的基本文献，但图书的出版周期较长，知识的新颖性不够。

图书可以分为供读者阅读的图书和供读者查阅的工具书两大类，前者包括专著、丛书、教科书等阅读型图书，后者包括词典、手册、百科全书、年鉴等各种参考工具书。

2. 期刊

期刊又称"杂志"，一般是指具有固定刊名、定期或不定期出版、刊登多个著者最新作品的连续性出版物。特点是出版周期短，报道文献速度快，内容新颖，发行及影响面广，能及时反映科学技术中的新成果、新水平、新动向。期刊发表的论文大多数是原始文献，许多新的成果、观点、方法往往首先在期刊上刊登。期刊论文是文献的主要类型，是检索工具报道的主要对象。

期刊按内容性质可分为学术性期刊、通报性期刊、技术性期刊、科普性期刊、动态性期刊、综述与述评性期刊和检索性期刊等类型。其中，学术性期刊、技术性期刊和综述与述评性期刊对科研生产的直接参考价值较大，而通报性期刊、动态性期刊和检索性期刊则出版周期较短，对掌握发展概况和查找信息有较大作用。

3. 报纸

报纸是指有固定名称、刊期、开版，以新闻报道为主要内容的散页连续出版物。报纸也发表科普文献和学术论文。出版周期更短，传递信息更快，报道科技上的新成果、新发明更及时。所以，专业性的报纸也是科技人员必不可少的信息资源。

4. 会议文献

会议文献是指国际学术会议和国内各种重要学术会议上发表的论文和报

告。此类文献一般都要经过学术机构严格的挑选，代表某学科领域的最新成就，反映该学科领域的最新水平和发展趋势。所以，会议文献是了解国际及各国的科技水平、动态及发展趋势的重要情报来源。

会议文献的类型很多，归纳起来可分为国际会议、全国会议、地区性会议三种。会议文献大致可分为会前文献和会后文献两类，会前文献主要指论文预印本和论文摘要；会后文献主要指会议结束后出版的论文汇编，即会议记录。

5. 专利文献

专利文献是专利审批过程中的官方文件及相关出版物的总称，分为发明专利和实用新型专利两种。专利文献包括专利说明书、专利公报、专利分类表、分类表索引等。专利文献具有技术内容广泛、反映新技术快、内容翔实、标准化高等特点。因此，专利文献已成了情报的一个重要来源。

6. 学位论文

学位论文是高等学校、科研机构的研究生为获得学位，在进行科学研究后撰写的学术论文。学位论文一般要有全面的文献调查，比较详细地总结前人的工作和当前的研究水平，做出选题论证和系统的实验研究及理论分析，提出自己的观点。学位论文探讨的问题往往比较专一，带有创造性的研究成果，是一种重要的文献来源。

7. 标准文献

标准文献是一种规范性的技术文件，是在生产或科学研究活动中对产品、工程或其他技术项目的质量品种、检验方法及技术要求所做的统一规定，供人们遵守和使用。

标准文献按使用范围可分为国际标准、区域性标准、国家标准、专业标准和企业标准等五大类型。每一种标准都有统一的代号和编号，独自构成一个体系。标准文献是科研和生产技术活动中经常利用的一种情报信息源。

8. 档案文献

档案文献是指具体科研、工程、项目、产品和商品以及科研、学校、企业等机构在科学研究、技术开发、生产活动过程中形成的文件、图纸、图片、方案、原始记录等资料。包括任务书、协议书、技术指标、审批文件以及研究计划、方案、大纲和技术措施，还包括相关的调查材料（原始记录、分析报告等）、设计计算、试验项目、方案、记录、数据和报告等，还包括设计图纸、工艺和其他相关材料。档案是企业生产建设和开发研究工作中用于积累经验、吸取教训和提高质量的重要文献。

档案大多由各系统、各单位分散收藏，一般具有保密和内部使用的特点。是各种社会活动的实录，是真实可靠的历史信息情报，具有很高的参考价值。

9. 政府出版物

政府出版物是各国政府部门及其所属专门机构发表、出版的文件，其内容广泛，从基础科学、应用科学到政治、经济等社会科学。就文献的性质来看，可分为行政性文件（如政府法令、法规、方针政策、调查统计资料等）和科技文献（科技报告、科普资料、技术政策等）两大类。通过这类文献，可了解一个国家的科学技术、经济政策、法令、规章制度等。这类资料具有极高的权威性，对企业的活动具有重要的指导性。

10. 产品样本

产品样本是国内外生产厂商或经销商为推销产品而印发的企业出版物，用来介绍产品的品种、特点、性能、结构、原理、用途和维修方法、价格等。查阅、分析产品样本，有助于了解产品的水平、现状和发展动向，获得有关设计、制造、使用中所需的数据和方法，对于产品的选购、设计、制造、使用等有着较大的参考价值。

由于产品样本是已经生产的产品说明，在技术上比较成熟，数据比较可靠，对产品的具体结构、使用方法、操作规程、产品规格都有较具体的说明，并常常附有外观照片和结构图。专利产品还注有专利号（根据专利号可查找专利说明书），对于新产品的设计、试制都有较大的实际参考价值。

第二节　文献资源建设的目标与原则

在图书馆文献资源建设中，确立明确的目标和原则至关重要。这些目标和原则指导着图书馆在收集、整理、管理和利用文献资源时所应遵循的基本原则和方向。

一、文献资源建设的目标分析

（一）实现信息共享与开放性

在信息时代，信息资源的共享与开放已成为推动社会发展的重要动力。图书馆作为信息资源的主要承载者和提供者，其首要目标是促进信息的共享与开放。这一目标的实现不仅有助于打破信息孤岛的局面，也能够构建一个更加开放、互联的信息环境。通过建设开放的数字平台，提供多样化的开放服务，鼓励用户积极参与知识的创新和分享，图书馆能够有效地提高信息利用效率，从而推动社会的进步和发展。

（二）满足服务用户的需求

用户是图书馆存在的根本目的和服务对象，因此，以用户为中心，满足用户多样化、个性化的信息需求是图书馆文献资源建设的核心目标之一。为实现这一目标，图书馆应当不断优化服务模式，提升服务质量。

具体而言，图书馆可以积极借助现代化技术手段，如智能推荐系统、个性化信息服务等，为用户提供更加精准、便捷、个性化的服务体验。通过深入了解用户的需求，及时反馈用户的意见，并持续优化服务内容和方式，图书馆能够提高用户的满意度和忠诚度，进而实现其服务使命。

（三）实现文献资源优化利用

图书馆作为文献资源的管理者和传播者，其任务之一是建设高质量、高价值的文献资源，以满足用户的信息需求为出发点。为达成这一目标，图书馆应当加强文献资源的采集、整理、储存和管理工作，优化资源的组织结构和检索方式，以提高资源的利用效率和质量。通过持续的努力，图书馆能够实现文献资源的最大化利用，为用户提供更加丰富、全面的信息服务。

（四）实现智能化管理与创新发展

随着信息技术的不断发展，智能化管理已成为图书馆发展的重要趋势。为实现这一目标，图书馆应当积极引入智能化技术，如人工智能、大数据、云计算等，以优化管理流程，提高管理效率和服务水平。与此同时，图书馆还应当不断创新服务模式，推动图书馆由传统馆向智慧馆转型。通过数字化、智能化手段，图书馆能够为用户提供更为便捷、高效的服务，从而促进图书馆的创新发展和持续进步。

二、文献资源建设的基本原则

（一）全面性原则

文献资源建设应当具有全面性，包括各类信息资源的收集、整理、储存和管理，覆盖多个学科领域和内容类型，满足不同用户群体的信息需求。具体而言，图书馆需要建立起涵盖图书、期刊、论文、报告、专利、电子资源等多种形式的文献资源收集体系，以确保用户能够获取到全面、丰富的信息资源。同时，针对不同学科领域和用户群体的特点和需求，图书馆还需采取差异化的收集、整理和服务策略，以提供更加精准、有效的服务。

（二）开放性原则

图书馆应当倡导信息资源的共享与开放，推动资源之间的互联互通，促进知识交流与创新。通过开放式的数字平台和资源共享机制，实现资源的共享利用，提高信息资源的社会化效益。具体而言，通过构建开放式的数字平台，图书馆可以为公众提供丰富、多元的信息资源，满足各类学术和日常需求。同时，资源共享机制的形成，不仅提高了信息资源的利用率，更促进了知识的交流与创新。图书馆应主动与其他机构或社区建立紧密的合作关系，通过共享资源、数据和技术，打破信息孤岛，实现知识的最大化传播与应用。这样的图书馆，才能真正成为推动社会进步和文明发展的重要力量。

（三）服务性原则

图书馆的一切工作都应当以服务用户需求为中心，以用户满意度为评价标准。通过深入了解用户需求、及时反馈用户意见、不断优化服务内容和方式，提升服务质量和水平。具体而言，图书馆应当建立起多种形式的用户沟通渠道，包括咨询台、在线咨询、用户反馈系统等，以便及时了解用户需求和意见；同时，根据用户反馈和行为数据，不断改进服务模式和流程，提高服务效率和个性化水平，满足用户多样化、个性化的信息需求。

（四）智能化原则

引入智能化技术是提升图书馆管理和服务水平的重要途径。图书馆应当积极采用人工智能、大数据分析、自然语言处理等技术手段，实现智能化的文献资源管理、信息检索和服务推送，提高工作效率和服务质量。具体而言，图书馆可以利用人工智能技术实现图书馆资源的智能化分类、标引和推荐；利用大数据分析技术分析用户行为和偏好，为用户提供个性化的信息服务；利用自然语言处理技术实现信息检索和问答系统的智能化，提高用户检索效率和准确性。

（五）可持续性原则

考虑资源建设的长期性和可持续性是文献资源建设的基本原则之一。图书馆应当合理规划资源的开发和利用策略，加强资源的更新和维护工作，确保资源的稳定发展和长期利用。具体而言，图书馆应建立起健全的资源管理体系和更新机制，加强资源的质量监控和评估，及时调整资源采集和服务策略，以适应信息环境的不断变化和用户需求的持续发展。同时，图书馆还应当积极参与资源共建共享，拓展资源获取渠道，实现资源的可持续利用和共赢发展。

第三节　文献资源建设的流程与方法

一、文献资源建设的流程

文献资源建设的流程是一个系统性、持续性的过程，旨在构建全面、高效、便捷的文献资源体系，以满足用户的信息需求和学习研究需要。

（一）收集文献资源

在图书馆文献资源建设的过程中，收集文献资源是至关重要的一环。它涉及确定收集的范围与目标、选择合适的收集渠道与方式、建立起有效的收集机制与网络。

1. 确定收集的范围与目标

确定收集的范围和目标包括确定所收集文献资源的类型（如图书、期刊、论文、报告等）、领域（如自然科学、社会科学、人文学科等）、语言、时间范围等。根据图书馆的定位和服务对象的需求，可以制定相应的收集策略和目标，以确保收集的文献资源能够满足用户的需求。

2. 选择合适的收集渠道与方式

选择合适的收集渠道与方式涉及选择适合的订购商、出版社或其他资源提供者，以获取所需的文献资源。同时，还可以通过参加图书展会、订阅期刊、购买数字数据库等方式进行文献资源的收集。在选择收集渠道和方式时，需要综合考虑文献资源的质量、价格、可及性等因素，并根据实际情况进行权衡和选择。

3. 建立起有效的收集机制与网络

这包括建立与各种资源提供者的合作关系，确保及时获取到最新的文献资源；建立起文献资源的订购、订阅和采购流程，确保资源的获取渠道畅通；建立起文献资源的评估机制，对已有资源进行定期评估和更新，以保证资源的质量和时效性。同时，还需要建立起文献资源的信息管理系统，对收集到的文献资源进行统一管理和整合，提高资源的利用效率和服务水平。

（二）整理文献资源

整理文献资源直接决定了馆藏文献的质量与效用。这一过程不仅是对文献的筛选和分类，更是对知识的梳理和整合。

1. 文献评价与筛选

图书馆馆员需要对收集到的文献进行全面而细致的评价，以确保馆藏文献的学术价值和使用价值。这一过程中，图书馆馆员会关注文献的出版机构、作者声誉、内容质量以及学术影响力等多个方面。通过严格的筛选，图书馆能够剔除重复、过时或质量低下的文献，保留那些具有代表性、权威性和实用性的文献资源，为读者提供高质量的文献服务。

2. 文献分类与编目

图书馆采用科学的分类体系对文献进行归类，以便读者能够快速定位所需资源。在分类过程中，图书馆馆员会根据文献的主题、内容、形式等特征进行细致划分，确保每一类文献都具有明确的边界和特征。同时，编目工作也是不可或缺的。通过对文献进行详细描述和标引，图书馆能够建立起完善的文献信息数据库，为读者提供准确的检索信息和便捷的获取途径。

3. 数据清洗与归档

在数字化时代，图书馆文献资源多以电子形式存在，因此数据清洗尤为重要。图书馆馆员需要对电子文献进行格式转换、冗余信息删除、缺失数据补充等操作，确保数据的准确性和完整性。同时，归档工作也是必不可少的。通过制定规范的归档流程和标准，图书馆能够将清洗后的数据按照统一的格式和标准进行存储和管理，为文献资源的长期保存和高效利用提供有力保障。

（三）存储文献资源

随着信息技术的不断发展，数字化存储已成为图书馆存储文献资源的主要方式。

1. 数字化存储

通过将传统的纸质文献、音像资料等转化为数字格式，图书馆能够实现对文献资源的长期保存和高效利用。数字化存储不仅可以节省物理存储空间，还可以方便读者随时随地进行访问和检索。在数字化存储过程中，图书馆需要采用高质量的数字复制技术和标准的文件格式，确保数字文献的清晰度和可读性。同时，图书馆还需要建立完善的数字文献管理系统，对数字文献进行统一管理和维护，确保数字文献的完整性和安全性。

2. 数据备份与恢复

由于数字化存储的文献资源面临着技术故障、自然灾害等多种风险，因此数据备份至关重要。图书馆需要制定完善的数据备份策略，定期对数字文献进行备份，并将备份数据存储在安全可靠的地方。同时，图书馆还需要建立数据恢复机制，一旦发生数据丢失或损坏的情况，能够迅速恢复数据，确保文献资源的连续性和可用性。

3. 存储设备与空间规划

随着数字化文献资源的不断增加，图书馆需要合理规划存储设备的选择和配置，以及存储空间的分配和管理。在选择存储设备时，图书馆需要考虑设备的存储容量、读写速度、稳定性等因素，确保设备能够满足存储需求并保持良好的性能。同时，图书馆还需要根据文献资源的增长趋势和存储需求的变化，及时调整存储空间的布局和管理策略，确保存储空间的充分利用和高效管理。

（四）管理文献资源

通过实施科学的管理措施，图书馆能够提升文献资源的利用率，为读者提供更加便捷、精准的文献服务。

1. 文献检索与查询

图书馆需要建立完善的文献检索系统，提供多种检索方式，如关键词检索、作者检索、主题检索等，以满足读者不同的检索需求。同时，图书馆还需要不断优化检索算法，提高检索的准确性和效率。此外，为了方便读者使用，图书馆还应提供友好的检索界面和详细的检索指南，帮助读者快速掌握检索技巧，提高检索效率。

2. 用户权限管理

用户权限管理是保障图书馆文献资源安全、维护图书馆秩序的重要措施。图书馆需要根据用户的需求和角色，设置不同的访问权限和使用权限。对于普通读者，图书馆可以开放基本的检索和浏览权限；对于学术研究人员或特定用户群体，可以赋予更高级的下载、打印等权限。同时，图书馆还需要建立严格的用户认证机制，确保只有经过认证的用户才能访问和使用文献资源。此外，图书馆还应定期对用户权限进行审查和更新，以适应用户需求和资源变化。

3. 版权与许可管理

图书馆在获取和使用文献资源时，必须严格遵守版权法律法规和许可协议。对于受版权保护的文献资源，图书馆需要获得作者的授权或购买相应的许可，以确保合法使用。同时，图书馆还需要加强对用户的版权教育，引导用户遵守版权规定，不侵犯他人的知识产权。此外，图书馆还应建立完善的版权投诉和纠纷处理机制，及时应对和处理版权问题，维护图书馆的声誉和权益。

（五）利用文献资源

通过有效的信息服务与推广、学术研究与知识传播以及文献资源的可视化应用，图书馆能够充分发挥文献资源的价值，促进学术进步和文化传承。

1. 信息服务与推广

图书馆通过编制各类文献目录、索引、指南等，为读者提供便捷的文献信息获取途径。同时，图书馆还积极开展各种形式的宣传推广活动，如举办展览、讲座、读者沙龙等，吸引更多读者关注和利用图书馆文献资源。此外，图书馆还利用现代信息技术，建立在线服务平台，提供在线咨询、文献传递、个性化推荐等服务，满足读者多样化的信息需求。

2. 学术研究与知识传播

图书馆丰富的文献资源为学术研究人员提供了宝贵的学术资料，促进了学术研究的深入发展。图书馆还通过参与科研项目、举办学术研讨会等方式，与学术界保持紧密合作，推动学术成果的交流和传播。此外，图书馆还积极开展知识普及活动，如开设公开课、制作知识视频等，将专业知识传递给更广泛的受众，提升公众的科学文化素养。

3. 文献资源的可视化应用

通过将文献资源转化为可视化图表、数据模型等形式，图书馆能够更直观地展示文献内容，帮助读者快速理解文献信息。同时，可视化应用还有助于发现文献之间的关联和趋势，为学术研究提供新的视角和思路。图书馆可以利用专业的可视化软件或工具，对文献资源进行深度挖掘和分析，生成各种形式的可视化成果，为学术研究和知识传播提供有力支持。

二、文献资源建设的方法

（一）网络文献资源建设

随着互联网的迅猛发展和普及，网络文献资源建设已成为现代信息资源管理领域的重要组成部分。它不仅能够极大地丰富文献资源的种类和数量，还能够提高文献资源的获取效率和利用价值。

1. 网络资源的获取与筛选

网络资源的获取是网络文献资源建设的第一步。由于网络信息的海量性和复杂性，我们需要通过搜索引擎、专业数据库、学术网站等途径，广泛搜集与特定主题或领域相关的网络资源。同时，为了确保获取资源的准确性和可靠性，我们还需要对收集到的资源进行严格的筛选和评估。这包括对资源的内容、来源、发布时间等方面进行综合考量，以排除重复、低质或无效的信息，保留有价值的文献资源。

2. 网络资源整合与平台搭建

在获取和筛选了网络资源后，需要对这些资源进行整合和分类，以便用户能够更方便地检索和利用。这包括建立统一的资源目录、分类体系和索引机制，将各类网络资源进行有序组织和关联。同时，我们还需要搭建网络文献资源平台，为用户提供统一的访问入口和友好的交互界面。这个平台应具备强大的检索功能、灵活的浏览方式以及丰富的个性化服务，以满足用户多样化的信息需求。

3. 网络资源的共享与服务

网络文献资源建设的最终目的是实现资源的共享和服务。通过搭建开放式的网络平台，可以将整合好的网络资源开放给广大用户，实现资源的最大化利用。同时，我们还可以提供一系列的服务，如在线咨询、文献传递、知识问答等，帮助用户更好地利用这些资源。此外，我们还可以开展用户培训和教育活动，提高用户的信息素养和文献利用能力，进一步推动网络文献资源建设的发展。

在实际操作中，网络文献资源建设还需要注意一些问题。首先，要确保网络资源的合法性和合规性，避免侵犯他人的知识产权和隐私权。其次，要注重网络安全和数据保护，防止网络攻击和数据泄露等安全问题。最后，要不断优化网络文献资源平台的功能和服务，提升用户体验和满意度。

（二）开放获取文献资源建设

随着全球科研交流的日益频繁和数字化技术的飞速发展，开放获取文献资源建设逐渐成为推动学术传播与知识共享的重要力量。开放获取，即OA（Open Access），是指网络数字资源以免费或低成本的方式，向公众提供无障碍的在线访问，从而消除学术资源获取的经济和技术障碍，促进学术研究的广泛传播和应用。

1. 开放获取的理念与实践

开放获取的理念基于知识共享和学术民主化的思想，它主张学术成果应该被广泛地、自由地传播和使用，以促进学术研究的进步和创新。这一理念在实践中得到了广泛的响应和支持，越来越多的学术期刊、研究机构和个人开始采用开放获取的方式发布和传播学术成果。

在实践层面，开放获取文献资源建设涉及多个方面。首先，需要制定和完善相关的政策法规，为开放获取提供法律保障和支持。例如，一些国家和地区已经出台了相关的法律法规，要求公共资金支持的科研成果必须实行开放获取。其次，需要建立和维护开放获取平台，为学术资源的发布、存储和访问提供技术支持。这些平台通常具备高效的检索功能、友好的用户界面以及丰富的元数据信息，方便用户快速找到并获取所需的学术资源。此外，还需要推动学术机构和研究者积极参与开放获取实践，通过培训、宣传等方式提高他们的开放获取意识和能力。

2. 开放获取资源的组织与推广

在开放获取资源的组织与推广方面，我们需要关注资源的整合与分类、质量控制以及宣传推广等方面。首先，对开放获取资源进行系统的整合和分类是提高资源利用效率的关键。通过建立统一的资源目录和分类体系，我们可以将分散在各个平台的开放获取资源进行有序地组织和关联，方便用户进行一站式检索和获取。其次，质量控制是确保开放获取资源质量的重要保障。我们需要制定严格的质量控制标准和流程，对发布的学术成果进行严格的审核和筛选，确保资源的学术价值和质量。此外，宣传推广也是推广开放获取资源的重要手段。我们可以通过举办学术会议、发布宣传材料、开展在线推广等方式，提高开放获取资源的知名度和影响力，吸引更多的用户使用和分享这些资源。

同时，我们还需要关注开放获取资源的可持续发展问题。通过建立合理的收益模式和激励机制，吸引更多的出版商和研究者参与开放获取实践；通过加强国际合作与交流，推动全球范围内的开放获取资源共建共享；通过培养用户的开放获取意识和习惯，形成良性的学术生态和知识共享氛围。

（三）协同式文献资源建设

在数字化、信息化日益发展的今天，协同式文献资源建设已成为推动图书馆、档案馆、研究机构等文献信息机构发展的重要战略。通过协同合作，不仅能够实现资源的共享与互补，提高资源利用效率，还能够促进学术研究和知识创新的深入发展。

1. 协同建设的理念与模式

协同建设的理念在于打破传统文献资源建设中的孤立和封闭状态，通过多方合作，共同构建开放、共享、互补的文献资源体系。这种理念强调各参与方之间的平等、互信和共赢，注重资源的整合与优化，以实现资源的最大化利用。

在协同建设的模式下，各参与方可以根据自身的特点和优势，共同制定文献资源建设规划，确定建设目标和内容。通过分工合作，实现资源的共建共享，避免重复建设和资源浪费。同时，协同建设还强调参与方之间的沟通与协作，通过定期交流、研讨等方式，共同解决文献资源建设中遇到的问题，推动文献资源建设的持续改进和优化。

2. 协同平台的建设与运营

协同平台是协同式文献资源建设的重要组成部分，它为各参与方提供了一个统一的、开放的、共享的资源建设环境。在协同平台的建设上，应注重平台的稳定性、安全性、易用性等方面的要求，确保平台能够支持大规模、高效率的文献资源建设与共享。

在平台的运营方面，需要制定完善的运营管理制度和规范，明确各参与方的职责和权利，确保平台的正常运行和资源的有效利用。同时，还需要加强平台的技术支持和维护，及时解决平台运行过程中出现的问题，保障平台的稳定性和安全性。

此外，协同平台的运营还需要注重资源的更新与维护。通过定期收集、整理、审核新的文献资源，确保平台资源的时效性和准确性。同时，还需要建立用户反馈机制，及时了解用户需求，不断优化平台功能和服务，提高用户满意度。

通过协同式文献资源建设，我们可以打破传统文献资源建设中的局限，实现资源的优化整合和高效利用。这不仅能够提高各参与方的文献保障能力和服务水平，还能够推动学术研究和知识创新的深入发展，为社会的进步和发展提供有力的文献信息支持。

（四）用户参与式文献资源建设

在信息化时代，用户参与式文献资源建设已成为图书馆等文献服务机构的重要发展方向。用户作为文献资源的主要使用者和受益者，其参与文献资源建设的意愿和行动对于提升资源质量、优化服务效果具有至关重要的意义。

1. 用户参与文献资源建设的需求与动机

用户参与文献资源建设的需求与动机多样而复杂。

首先，用户对文献资源的需求具有个性化和专业化的特点。他们希望图书馆等机构能够提供更多符合自身研究兴趣和学术需求的资源，以满足其在科研、学习、工作等方面的需求。

其次，用户参与文献资源建设也体现了他们对信息服务的期待和信任。他们希望通过自己的参与，能够推动文献资源服务的改进和优化，提升服务质量和用户体验。

此外，一些用户还希望通过参与文献资源建设，展示自己的学术成果和影响力，实现自我价值的提升。

2. 用户参与的方式与途径

首先，用户可以通过在线平台或实体场所推荐文献资源，分享自己的学术发现和阅读心得。这些推荐可以是具体的书籍、期刊文章、数据库资源等，也可以是某个领域的最新研究成果或热点话题。图书馆等机构可以根据用户的推荐，有针对性地采集和整合相关资源，以满足用户的个性化需求。

其次，用户可以通过参与问卷调查、访谈等方式，为文献资源建设提供反馈和建议。这些反馈和建议可以帮助图书馆等机构了解用户对文献资源的需求和满意度，发现资源建设和服务中的不足和问题，从而有针对性地改进和优化相关工作。此外，用户还可以通过参与文献资源的标引、分类、评价等工作，直接参与到文献资源建设的各个环节中。这种参与方式不仅能够提升用户对文献资源的理解和利用能力，还能够促进图书馆等机构与用户之间的沟通和互动，增强用户的归属感和忠诚度。

最后，随着社交媒体的普及和发展，用户还可以通过社交媒体平台参与到文献资源建设中来。例如，用户可以在社交媒体上分享自己的学术成果和资源链接，参与相关话题的讨论和交流，从而推动学术资源的传播和共享。

（五）跨学科文献资源建设

在知识爆炸的时代，学科交叉与融合成为学术研究的必然趋势。跨学科文献资源建设正是为了顺应这一趋势，提供更为全面、深入的学术支持。它旨在通过整合不同学科的文献资源，打破学科壁垒，促进学术交流与合作，推动跨学科研究的深入发展。

1. 跨学科资源的需求分析

随着科技的进步和学术研究的深入，跨学科资源的需求日益凸显。首先，学科交叉研究需要综合多个学科的知识和方法，因此，对跨学科文献资源的需求十分迫切。其次，跨学科研究往往需要突破传统学科的限制，寻找新的研究视角和思路，这也需要丰富的跨学科资源作为支撑。此外，随着大数据、人工智能等技术的发展，跨学科研究在数据获取、处理和分析方面对资源的需求也在不断增加。

2. 跨学科资源的整合策略

首先，应建立跨学科文献资源的数据库，将不同学科的文献资源进行统一管理和存储。这不仅可以方便用户检索和获取资源，还可以避免资源的重复建设。

其次，应加强与其他学术机构、图书馆的合作，实现资源的共享与互补。通过合作，我们可以获取更多优质的跨学科资源，提高资源的使用效率。

此外，还可以利用现代信息技术，如数据挖掘、知识图谱等，对资源进行深度整合和关联，为用户提供更为精准的学术支持。

3. 跨学科资源的服务创新

跨学科文献资源建设不仅需要注重资源的整合，还需要在服务上进行创新。首先，应提供个性化的推荐服务。通过分析用户的学术兴趣和需求，我们可以为用户推荐相关的跨学科资源，帮助他们快速找到所需的信息。其次，可以开展跨学科的知识服务。例如，为用户提供跨学科的研究报告、综述文章等，帮助他们了解不同学科的研究进展和趋势。此外，还可以组织跨学科的学术交流和研讨活动，促进不同学科的研究者之间的合作与交流。

第四节 文献资源建设的评估与优化

文献资源建设的评估与优化，旨在精准把握资源现状，发现潜在问题，进而提出有针对性的改进措施。这不仅能提升资源质量和使用效率，更能满足用户的多样化需求，推动文献服务水平的整体提升，为学术研究和知识创新提供有力支撑。

一、文献资源建设的评估

（一）文献资源建设评估体系构建

在文献资源建设中，构建一个科学、合理的评估体系至关重要。这一体系不仅有助于全面、客观地了解资源建设的现状，还能为未来的优化提供有力依据。

1. 评估原则与标准的确定

评估原则应遵循客观性、公正性、科学性以及可操作性等基本原则，确保评估结果真实可靠。同时，评估标准应明确具体，既反映资源建设的普遍要求，又体现本机构资源建设的特色与需求。在确定评估标准时，应充分考虑资源内容的学术价值、信息完整性、时效性等方面，以及资源形式的规范性、清晰度等要素。

2. 评估指标的选择与量化

评估指标的选择应全面覆盖资源建设的各个方面，包括资源数量、质量、使用效率以及用户满意度等。在量化评估指标时，可以采用统计分析、专家打分、用户调查等多种方法，将各项指标转化为可比较的数值。这些量化指标能够直观反映资源建设的实际情况，为后续的优化提供有力支撑。

3. 评估方法与技术手段

在评估方法上，可以采用定性与定量相结合的方法，综合运用文献计量学、数据挖掘、知识图谱等技术手段，对文献资源进行深度分析和挖掘。这些技术手段能够帮助工作人员更加精确地把握资源建设的特点和规律，揭示存在的问题和不足。

4. 评估流程的设计与实施

评估流程应包括评估准备、数据收集、指标计算、结果分析以及报告撰写等环节。在评估准备阶段，应明确评估目的和范围，制订详细的评估计划。在数据收集阶段，应确保数据的真实性和完整性，采用多种渠道收集相关数据。在指标计算阶段，应按照预定的方法和标准进行计算，确保结果的准确性。在结果分析阶段，应深入分析评估结果，揭示资源建设的优点和不足。在报告撰写阶段，应将评估结果以清晰、简洁的方式呈现出来，提出有针对性的优化建议。

（二）文献资源质量评估

1. 文献资源的内容质量评估

文献资源的内容质量评估是文献资源建设评估体系中的核心环节，它直接关系到资源的使用价值和学术影响力。内容质量评估主要包括学术价值评估、信息完整性评估以及时效性评估三个方面。

学术价值评估是内容质量评估的重中之重。在评估过程中，首先要关注文献资源的学术权威性，即资源是否来源于权威出版机构或知名学者，是否具有较高的引用率和影响力。其次，要考察文献资源的创新性，即资源是否提出了新的观点、理论或方法，是否对学科发展具有推动作用。此外，还要关注文献资源的实用性，即资源是否能够解决实际问题，是否对学术研究和实际工作具有指导意义。

信息完整性评估主要关注文献资源所提供的信息是否全面、准确、无遗漏。在评估过程中，要检查文献资源是否包含了研究主题所需的所有关键信息，如研究背景、目的、方法、结果和结论等。同时，还要验证文献资源中的信息是否准确可靠，是否存在错误或误导性的内容。此外，对于涉及数据或统计的文献资源，还要特别关注数据的来源和可靠性，确保数据的真实性和有效性。

时效性评估是内容质量评估中不可忽视的一个方面。随着学科知识的不断更新和发展，文献资源的时效性显得尤为重要。在评估过程中，要关注文献资源的发表时间，确保其反映了当前学科领域的最新进展和成果。同时，还要考察文献资源的更新频率，对于更新迅速的文献资源，要给予更高的评价。此外，还要关注文献资源的引用情况，了解其在学术界的影响力和传播范围，从而判断其时效性和价值。

2. 文献资源的形式质量评估

在文献资源建设中，形式质量评估与内容质量评估同样重要。形式质量直接关系到资源的可读性和易用性，影响着用户的使用体验和满意度。以下将从格式规范性评估、排版清晰度评估以及印刷或电子载体质量评估三个方面进行详细阐述。

格式规范性评估主要考察文献资源是否符合相关的标准和规范。在评估过程中，首先会检查文献资源的标题、作者、摘要、关键词等元数据是否完整、准确，是否按照规定的格式进行编排。此外，还要关注文献资源的引用格式、参考文献列表等是否符合学术规范，是否遵循了统一的引文标准。这些规范的遵守不仅有助于提升文献资源的专业性和可信度，也有助于用户快速准确地获取所需信息。

排版清晰度评估关注的是文献资源的版面设计和文字排版是否清晰易读。在评估过程中，会检查文献资源的字体、字号、行间距等是否合适，是否便于用户阅读。同时，还会关注文献资源的版面布局是否合理，是否避免了过多的空白和拥挤，是否使用了合适的标题、段落和列表等排版元素，以提高信息的层次感和可读性。此外，还会检查文献资源中的图表、公式等是否清晰、准确，是否与文字内容相匹配。

印刷或电子载体质量评估是针对文献资源的物理或数字形态进行的评估。对于印刷载体，要关注纸张的质量、印刷的清晰度、色彩的准确性等方面，确保文献资源在视觉上达到较高的标准。对于电子载体，要关注文献资源的文件格式、分辨率、兼容性等方面，确保文献资源能够在不同的设备和平台上被顺畅阅读和使用。此外，还要关注电子资源的加载速度、稳定性等性能指标，以提供更好的用户体验。

3. 用户满意度调查与分析

用户的反馈和需求直接反映了资源建设的成效和不足，为资源优化提供了宝贵的参考依据。以下从用户反馈收集、用户需求与期望分析以及用户满意度评估结果三个方面进行详细阐述。

用户反馈收集：用户反馈的收集是用户满意度调查的基础。为了全面、客观地了解用户对文献资源的看法和意见，可采用多种方式进行反馈收集。首先，设立专门的用户反馈渠道，包括在线调查问卷、电子邮件、电话热线等，方便用户随时反馈使用体验和意见。同时，定期组织用户座谈会、研讨会等活动，与用户面对面交流，深入了解他们的需求和期望。此外，还要积极关注用户在社交媒体、学术论坛等平台上的讨论和反馈，及时收集相关信息。

用户需求与期望分析：首先，对用户的反馈进行分类和整理，识别出用户对文献资源的主要关注点和改进建议。然后，结合文献资源建设的目标和定位，对用户的需求和期望进行深入剖析。通过这一分析过程，可以发现用户对文献资源的需求主要集中在资源内容的质量、形式的规范性、获取的便捷性等方面，而期望则主要体现在资源的更新速度、覆盖范围、使用体验等方面。

用户满意度评估结果：评估结果显示，用户对文献资源的整体满意度较高，但也存在一些问题和不足。在内容质量方面，用户普遍认为资源具有较高的学术价值和信息完整性，但部分资源的时效性有待提高。在形式质量方面，用户普遍对资源的格式规范性和排版清晰度表示满意，但部分印刷或电子载体的质量仍需改进。

（三）文献资源使用效率评估

1. 资源利用率分析

在文献资源建设中，资源利用率是衡量资源价值和使用效果的重要指标。通过对资源利用率的深入分析，可以了解资源的使用情况，发现潜在问题，并据此优化资源配置，提高资源使用效率。

（1）文献借阅率与下载量统计。文献借阅率和下载量是反映资源利用率的重要数据。通过统计各类文献的借阅次数和下载量，我们可以分析出用户对不同类型文献的需求偏好。例如，某些领域的专业书籍可能借阅率较高，而某些热门主题的论文则可能下载量较大。这些数据不仅有助于了解用户的具体需求，还可以指导、优化文献资源的采购和分类策略。

此外，通过对比不同时间段内的借阅率和下载量变化，我们还可以分析出资源使用的季节性或周期性规律，进而预测未来的资源需求趋势，为资源的提前准备和调配提供依据。

（2）资源更新频率与访问量分析。资源更新频率和访问量也是衡量资源利用率的关键因素。通过监控资源的更新情况，我们可以了解资源的新鲜度和时效性，进而评估资源对用户的吸引力。同时，访问量的统计则直接反映了用户对资源的关注度和使用意愿。

结合资源更新频率和访问量的数据，可以发现一些有趣的现象。例如，更新频率高的资源往往能够吸引更多的用户访问，而访问量大的资源也通常具有较高的利用率。因此，在资源建设中应重视资源的更新和维护工作，确保资源的时效性和可用性。

2. 资源获取便利性评估

资源获取便利性在文献资源建设中占据着举足轻重的地位，它直接关系到用户能否快速、准确地获取所需信息。以下将从检索系统效率与易用性评估、资源共享与传递效率评估两个方面进行具体阐述。

在检索系统效率与易用性评估方面，检索系统的性能直接决定了用户获取资源的速度和质量。一个高效的检索系统应具备快速响应、准确匹配的特点，同时界面设计应简洁明了，操作流程应简单易懂。为了评估检索系统的效率与易用性，可以采用多种方法。首先，可以通过测试检索系统在不同条件下的响应时间，以衡量其速度性能。其次，可以通过对比不同检索系统的检索准确率，以评估其准确性。此外，还可以通过用户调查或问卷调查的方式，收集用户对检索系统易用性的反馈意见，以改进系统的界面设计和操作流程。

在资源共享与传递效率评估方面，资源的共享范围和传递速度是衡量资源获取便利性的重要指标。一个优秀的文献资源建设体系应能够实现资源的广泛共享和快速传递，以满足不同用户的需求。为了评估资源共享与传递效率的情况，可以关注以下几个方面：首先，可以考察资源的共享范围，包括资源是否可以在不同机构、不同地域之间进行共享，以及共享资源的数量和种类。其次，可以关注资源的传递速度，例如电子资源的下载速度、纸质资源的借阅速度等。此外，还可以关注资源共享和传递过程中可能存在的障碍和问题，如版权问题、技术难题等，以便及时解决和改进。

3. 成本控制与效益分析

通过精细化的成本管理和效益评估，可以在保证资源质量的同时，实现成本的最优化和效益的最大化。

资源采购与维护成本分析：在采购环节，需要对不同供应商的价格、质量、服务等进行全面比较，选择性价比最高的资源。同时，要考虑资源的更新频率和维护成本，避免频繁更新或维护带来的额外开销。在维护环节，应建立完善的维护体系，定期进行资源检查和更新，确保资源的稳定性和可用性。

资源使用效益与投资回报率计算：通过统计资源的借阅量、下载量、引用次数等数据，可以评估资源的使用情况。同时，将这些数据与采购成本进行对比，可以计算出资源的投资回报率。这不仅有助于了解资源的实际价值，还可以为未来的资源采购和配置提供决策依据。

此外，在效益分析中，还应考虑资源的间接效益，如提升用户满意度、促进学术研究等。这些效益虽然难以直接量化，但对于提升机构的整体形象和竞争力具有重要意义。

二、文献资源建设优化策略

（一）资源内容的优化

文献资源建设是一个动态且持续的过程，需要不断地进行优化以适应学科发展、满足用户需求。资源内容的优化作为其中的核心环节，对于提升资源质量和价值具有重要意义。

1. 学科领域的拓展与深化

随着学科知识的不断更新和交叉融合，文献资源建设需要不断拓展学科领域，覆盖更多的学科分支和交叉学科。同时，对于已有学科领域，还需要进一步深化资源内容，提供更加全面、深入的学术资料。这要求文献资源建设者密切关注学科发展趋势，及时调整文献资源建设方向，确保其内容的时效性和前瞻性。

2. 特色资源的挖掘与整理

每个机构或地区都有其独特的学术资源和文化特色，这些特色资源是文献资源建设中的重要组成部分。通过深入挖掘和整理这些特色资源，可以形成独具特色的资源体系，提升资源的吸引力和竞争力。例如，可以收集整理地方文献、民族文献、珍贵古籍等特色资源，建立特色数据库或专题库，为用户提供更加丰富的学术资源。

3. 学术前沿的追踪与更新

学术前沿代表着学科发展的最新动态和趋势，是学术研究的重要参考和依据。因此，文献资源建设需要密切关注学术前沿动态，及时收集、整理、更新相关资源。这可以通过定期检索学术数据库、关注学术期刊和会议、与专家学者保持联系等方式实现。同时，还可以建立学术前沿动态监测机制，定期发布学术前沿报告或资讯，引导用户关注学科发展的最新动态。

（二）资源形式的创新

随着信息技术的快速发展和用户需求的多样化，传统的资源形式已难以满足现代学术研究的需要。因此，资源形式的创新显得尤为重要，它能够为用户提供更加便捷、高效的学术资源获取方式，同时也有助于提升资源的使用价值和影响力。

1. 电子资源的开发与整合

电子资源具有信息量大、更新迅速、检索方便等优点，已经成为现代学术研究不可或缺的重要资源。为了满足用户对电子资源的需求，可以积极开发各种电子资源，如电子期刊、电子图书、学位论文数据库等，并建立起完善的电子资源管理系统，实现资源的整合与共享。这不仅可以方便用户随时随地访问学术资源，还可以提升资源的利用效率。

2. 移动阅读与在线学习的支持

随着移动互联网的普及，用户对于移动阅读和在线学习的需求日益增加。为了满足这一需求，可以推出移动阅读应用或在线学习平台，为用户提供便捷的阅读和学习体验。通过移动阅读应用，用户可以随时随地浏览学术文献，进行学术研究；通过在线学习平台，用户可以参加在线课程、参与学术讨论、进行学术合作等。这些创新形式不仅丰富了学术资源的获取方式，还促进了学术交流和合作。

3. 多媒体资源的引入与利用

多媒体资源包括视频、音频、图像等多种形式，能够为用户提供更加生动、直观的信息展示方式。在文献资源建设中，可以积极引入多媒体资源，如学术讲座视频、实验操作演示、研究成果展示等，并将其与文本资源相结合，形成多媒体化的学术资源体系。这不仅有助于提升资源的吸引力和可读性，还能够为用户提供更加全面、深入的学术信息。

（三）服务模式的改进

1. 参考咨询与知识服务的提升

参考咨询是文献资源建设中的一项基础服务，旨在为用户提供学术研究和学习的帮助。为了提升参考咨询服务的水平，可以加强咨询团队的建设，提高咨询人员的专业素养和服务意识。同时，还可以引入先进的技术手段，如智能问答系统、知识图谱等，提高咨询服务的响应速度和准确性。此外，知识服务也是服务模式改进的重要方向。通过深入挖掘和分析学术资源，提供知识发现、知识组织、知识推荐等增值服务，可以帮助用户更好地利用学术资源，提高研究效率。

2. 用户教育与培训活动的开展

用户教育与培训旨在帮助用户更好地了解和使用文献资源，提升他们的信息素养和学术能力。可以定期举办信息素养讲座、数据库使用培训、学术写作指导等活动，为用户提供系统的学习机会。同时，还可以利用网络平台，提供在线课程、学习资料等，方便用户随时随地进行学习。这些活动不仅可以提升用户的信息素养和学术能力，还能够增强用户对文献资源建设的认同感和归属感。

第二章　智慧图书馆的理论框架与技术应用

第一节　传统图书馆到智慧图书馆的转型

一、传统图书馆面临的困境与挑战

在信息化社会的今天，图书馆作为知识信息的集散地，其角色和地位正经历着前所未有的变化。尤其是传统图书馆，它们面临着来自多方面的困境与挑战，这些挑战不仅关乎图书馆的生存和发展，更涉及图书馆如何适应社会变革、满足用户多样化需求的问题。

（一）信息提供有限

传统图书馆主要以纸质书籍为馆藏，然而，随着信息技术的飞速发展，人们获取信息的途径越来越多样化。互联网、移动设备等新兴技术使得信息获取变得便捷且高效，相比之下，传统图书馆的信息提供能力显得捉襟见肘。一方面，受物理空间限制，传统图书馆无法容纳无限增加的出版物；另一方面，由于资金、人员等资源的有限性，图书馆在采购、编目、借阅等环节也面临着诸多困难。

（二）资源难以共享

传统图书馆的管理方式，通常依赖于实体馆藏和有限的人工操作，这使得馆藏资源在共享方面面临诸多挑战。由于缺乏统一的管理标准和跨平台的整合机制，不同图书馆之间的互借互阅变得异常复杂，有时甚至需要耗费大量时间和精力。这种局限性不仅限制了图书资源的流通效率，还使得许多珍贵的文献难以得到更广泛的利用，从而造成了资源的极大浪费。

（三）投资成本高

传统图书馆作为实体建筑，其建设和维护成本相对较高。从选址、设计到施工、装修，每一个环节都需要投入大量的人力和物力资源。此外，为了维持图书馆的正常运营，还需要持续投入资金用于设备更新、人员培训、能源消耗等方面。然而，高昂的投资成本并不一定能带来相应的回报，尤其是在信息技术高度发达的今天，人们越来越倾向于通过数字方式获取信息和知识。

（四）服务效率低下

受限于传统的管理模式和技术手段，传统图书馆的服务效率长期以来一直为读者所诟病。读者在查找书籍、办理借阅手续等过程中，常常需要耗费大量时间和精力，这不仅让他们的阅读体验大打折扣，也给图书馆的日常运营带来了不小的压力。此外，图书馆馆员也面临着沉重的工作负担。他们需要手动处理大量的借阅请求、整理书籍、维护图书馆秩序等，工作量大且烦琐，难以应对日益增长的读者需求。

这种局面不仅影响了读者的阅读体验，也制约了图书馆的发展潜力。图书馆作为知识的宝库，应当成为推动社会进步和文明发展的重要力量。然而，传统的服务模式已无法满足现代社会的需求，亟待改革和创新。因此，探索更加高效、便捷的图书馆服务模式，已成为当务之急。

（五）面临替代性挑战

随着数字化、网络化技术的不断发展，传统图书馆还面临着来自新型信息服务机构的替代性挑战。这些机构以更加灵活、便捷的方式提供信息和知识服务，满足了用户多样化、个性化的需求。相比之下，传统图书馆在服务模式、技术手段等方面显得相对滞后。

例如，近年来兴起的网络阅读平台和在线数据库等新型信息服务机构，它们以海量的数字资源和便捷的检索功能吸引了大量用户。用户可以通过这些平台随时随地获取所需信息，而无须亲自前往图书馆。这种趋势对传统图书馆构成了严峻的挑战，迫使其不得不思考如何适应新形势下用户需求和服务模式的变革问题。

二、智慧图书馆的概念及形成原因

(一)智慧图书馆的概念界定

智慧图书馆最早由欧美图书馆界率先提出，多指以图书馆的资源为基础，提供一站式服务、移动服务、射频识别（Radio Frequency Identification，RFID）的自助服务等。2003年，芬兰奥卢大学图书馆的艾托拉指出"智慧图书馆"是一个不受空间限制且可被感知的移动图书馆。随着射频识别技术在图书馆的应用不断得到推广、普及和深入，硬件产品、系统软件也不断得到丰富和完善，充分满足了图书馆的智能化服务和管理的需求，图书馆也借助于射频识别的应用，在总分馆管理、智能文献书车等方面进行了特色化的创新。随着物联网、智慧城市等技术的成熟发展和应用，智慧图书馆的研究与应用也开始较多地关注于图书馆与物联网、云计算、普适计算等技术的联系，注重从信息技术维度出发的技术型图书馆，感知的深度、范围有所拓展。

本书将智慧图书馆概括为：利用新一代信息技术来改变用户和图书馆设施、系统及信息资源交互的方式，以提高交互的明确性、灵活性和响应速度，从而无须人工干预，即可实现智慧化服务和管理。它的出现标志着人们开始将"数字基础架构"与"物理基础设施"相互融合，以一种超越纯技术层面、更加具有人文情怀的理念来重新认识和建设图书馆。

(二)智慧图书馆的形成原因

智慧图书馆是一种融合了信息技术和图书馆服务的新型图书馆模式，其形成原因涉及多个方面的因素，具体如下：

1. 技术驱动

自第三次科技革命以来，人类社会经历了巨大变革，新兴技术如原子能、空间技术、电子计算机技术等崛起，带来了前所未有的发展机遇。特别是信息通信技术的飞速发展，尤其是互联网和计算机的普及与发展，不仅打破了时间与空间的限制，还推动了地球向"地球村"的转变。进入21世纪，人工智能、物联网、虚拟现实、云计算等新技术如雨后春笋般不断涌现，彻底改变了人们对科技的认知和生活方式。在这样一个快速发展的环境下，图书馆作为知识资源的中心也在不断更新其工作理念，逐步实现从传统图书馆到数字图书馆再到智慧图书馆的转型。这种转变是在技术装备不断完善的基础上实现的，这些技术的进步为图书馆的转型提供了坚实的基础。

　　智慧图书馆的兴起得益于无人化、自动化设备的广泛应用。随着人工智能和物联网技术的发展，图书馆内的图书借还系统、自助借阅机、自动书目检索系统等设备已经成为常见的存在。这些设备的普及不仅大大提高了图书借阅的效率，还减轻了工作人员的负担，使图书馆更加高效运转。同时，智慧图书馆通过数字化管理、数据分析等手段，实现了对读者需求的更精准把控，提供了更个性化的服务。这种智能化、个性化的服务模式符合现代人们对于信息获取和利用的需求，有助于吸引更多读者参与到图书馆的活动中来。

　　2. 理论引导

　　图书馆学自创建以来，其经历了持续的深化与发展，研究内容逐步拓展从最初的工作方法与人员管理，发展至如今的图书馆事业建设、本质特征与发展规律的探讨，形成了一套科学理论体系。在外部环境不断变化的背景下，相关理论持续更新、延展。技术进步为图书馆学理论提供了新的思维与方向。科学向综合性发展趋势日益明显，图书馆学与其他学科持续交互、融合，其理论研究也在不断延展。智慧图书馆的出现既是时代特征的投影，也是图书馆学理论日益完善的体现，更是与计算机科学、通信科学相互作用的必然结果。在这一理论环境下，智慧图书馆的出现是必然的，它顺应了信息、智慧时代的成果，将推动图书馆学向更高层次和水平发展。智慧图书馆融合了先进的信息技术、数据管理技术和人工智能技术，提供更便捷、高效的信息服务，使图书馆不再是传统意义上的"知识仓库"，而是成为一个智能化、个性化的知识服务平台。智慧图书馆不仅提供了传统文献检索、借阅服务，还能通过数据挖掘和推荐算法为读者提供个性化的学术资讯、学术交流平台等功能，从而极大地拓展了图书馆的服务范围和深度。此外，智慧图书馆还能通过大数据分析和可视化技术帮助图书馆管理者更好地了解读者需求，优化资源配置，提升服务质量，实现图书馆的可持续发展。

　　3. 社会需求

　　随着经济持续发展和人民生活水平的提高，人们对图书馆的需求逐渐发生了新的变化。首先，经济的稳步发展带动了人们的文化消费意识，从而提高了对图书馆的需求。其次，随着人民文化素养的不断提升，人们对图书馆所提供的服务也提出了更高的要求。这种需求的转变表现在不仅仅停留于传统的读书和看报,而是更加强调对知识的深度理解和应用,如答疑解惑、数字技术学习以及获取高价值信息等。不同的用户群体对图书馆的需求也日益多样化,并提出了更有针对性的要求。例如,学术界需要更丰富的学术资源;家长期望图书馆提供更多适合儿童的活动和资源;同时,技术设备教学也成为一些用户群体的迫切需求之一。

总的来说,传统图书馆已经难以满足多样化的需求,智慧图书馆应运而生,成为数字化、智能化和多样化发展的产物。智慧图书馆通过引入先进的技术和管理理念,能够更好地满足现代社会的知识服务需求。它不仅拥有传统图书馆的藏书和阅览功能,还整合了数字化资源、智能检索系统以及互动学习平台等多种功能,以满足用户的不同需求。智慧图书馆的出现,使得人们可以更便捷地获取知识,更高效地利用图书馆资源,从而促进了社会的文化发展和知识传播。

三、智慧图书馆和传统图书馆的区别

在深入探讨智慧图书馆与传统图书馆的区别时,可以从多个维度展开分析。

首先,两者在业务开展上存在明显的差异。传统图书馆长久以来以纸质书籍作为其核心媒介,读者需要亲自前往馆内,通过翻阅书架上的书籍来获取信息。而智慧图书馆则截然不同,它主要依赖芯片技术来管理和提供资源。这种技术不仅使得图书的存储、检索和借阅过程更为高效,还极大地提升了图书馆的服务水平和工作质量。

其次,在管理理念和方法上,两者也存在显著的差异。传统图书馆主要依赖人工进行各项管理工作,如图书分类、借阅登记等,这不仅效率低下,而且容易出错。相比之下,智慧图书馆充分利用了现代化智能技术,如射频识别技术、大数据分析等,使得管理工作更为精准、高效。

再次,智慧图书馆在人性化的服务方面也有显著的提升。传统图书馆虽然也会努力提升服务质量,但受限于各种条件,往往难以满足读者的个性化需求。而智慧图书馆则通过留言板、论坛等互动平台,积极与读者沟通,收集他们的意见和建议,从而持续改进服务。此外,智慧图书馆还提供了快速查找书籍的功能,极大地节省了读者的时间。

另外，智慧图书馆还突破了时间和空间的限制。传统图书馆有固定的开放时间和地点，读者需要在规定的时间内前往馆内阅读。而智慧图书馆则实现了全天候开放，读者可以随时随地进行在线阅读，无须受时间和地点的束缚。同时，智慧图书馆的图书资源也更为丰富多样，为读者提供了更加广阔的选择空间。

最后，在阅读方式上，智慧图书馆也展现出了其独特的优势。传统图书馆的阅读方式主要局限于文字阅读，形式较为单一。而智慧图书馆则提供了多样化的阅读方式，如有形图书、有声图书以及多媒体视频等。这种多样化的阅读方式不仅能够满足读者的不同需求，还能够以更加生动、形象的方式展现知识内容，提升读者的阅读体验。

四、传统图书馆向智慧图书馆转型的方式

（一）转变业务流程

传统图书馆向智慧图书馆的转型，首要方式就是转变业务流程。传统图书馆的业务办理环节主要以人工办理为主，读者需要亲自到图书馆进行借还书、查询等操作，而智慧图书馆则通过互联网技术实现智能管理，极大地提高了图书馆的业务办理效率和质量。

智慧图书馆的业务流程重组包括图书馆采访流程再造、馆藏建设模式再造、服务流程重组等多个方面。借助新一代服务平台，图书馆可以实现采访流程的网络化，节约外包编目人员往返图书馆的时间，提高采访效率。同时，通过大数据分析、传感器以及人工智能技术等手段，图书馆可以从丰富的馆内外各类信息资源中分析其潜在的价值，进行有目的的开发组织，把相对独立的馆藏文献资源、读者信息、采购来源信息等转化成为更为增值、多元化的服务模式。

此外，智慧图书馆还可以利用互联网技术实现业务范围的扩大和服务时间的延长。传统图书馆的主要业务局限在管理书籍方面，而智慧图书馆则以强大的现代化技术作为支撑，可以开展更多种类的服务，如数字化阅读、数字化参考咨询、数字化展览等，同时服务时间也更加灵活，可以实现24小时不间断的在线服务。

（二）转变管理方式

在现代化技术的支撑下，智慧图书馆为传统图书馆的发展转型提供了有力帮助。传统图书馆的管理方式主要依赖大量的人力资源进行手工操作和管理，效率低下且容易出错。而智慧图书馆则通过引入先进的技术手段和设备，实现了管理方式的自动化和智能化。

智慧图书馆采用动态化信息管理方式，通过互联网技术对图书馆的各项业务进行实时监控和管理。例如，通过安装智能传感器和射频识别标签等设备，可以实现对馆藏资源的自动化盘点、定位和防盗等功能；通过大数据分析技术，可以对读者的阅读习惯和偏好进行深入挖掘和分析，为图书馆的服务决策提供科学依据。

同时，智慧图书馆还加大了对现代化智能技术的应用力度，如人工智能、机器学习等技术手段在图书馆管理中的应用日益广泛。这些技术可以帮助图书馆实现自动化分类编目、智能推荐、智能问答等功能，极大地提高了图书馆的管理效率和服务水平。

（三）转变借阅方式

借阅方式的转变也是传统图书馆向智慧图书馆转型的重要方面之一。传统图书馆的借阅管理模式主要以人工借阅为主，需要读者亲自到图书馆提出借阅申请并由图书管理员进行手工记录和管理。这种方式不仅效率低下而且容易出现借阅信息记录不准确等问题。

而智慧图书馆则采用了智能化借阅管理方式，读者可以通过注册专门的账户或使用借阅卡等作为主要借阅凭证进行自助式借阅操作。当读者在网上提出借阅申请时，其借阅信息就会直接显示在图书馆的智能终端上并进行实时更新和管理。这种方式不仅方便了读者进行自助式借阅操作，而且提高了借阅管理的准确率和效率。

同时随着云端技术的不断发展与应用，过去的绝大部分知识在图书馆，今后的绝大部分知识在云端这一趋势也日益显现，智慧图书馆将利用信息技术将更多内容产品上传至云端以供读者随时随地获取所需要的知识资源，进一步拓宽了图书馆的借阅渠道和方式，也提升了其服务价值。

第二节 智慧图书馆的特征、要素与功能

一、智慧图书馆的特征

基于智慧图书馆内涵的理解，其应具备以下几个特征。

（一）便利性

智慧图书馆通过互联互通的网络，为馆员管理图书馆，用户使用图书馆，以及馆员和用户的学习和生活带来了巨大的变化。

1. 无线泛在

泛在城市和无线城市给无线泛在的图书馆创造了良好的信息环境。而中国电信事业的发展在为智慧图书馆的发展提供保障的同时，也对我国城乡居民的工作和生活产生了深远影响。移动支付、新一代电子商务、新媒体、生活娱乐、泛在式的信息服务等被越来越多的人使用，给人们带来的变化几乎深入各个领域。

而通过利用有线和无线网络，可以使图书馆真正实现泛在化。用户可以在手机和平板电脑（Pad）等移动终端上进行借阅图书、阅读文献、占座位、与同学交流经验和使用视听资源等活动。

2. 一体化使用

智慧图书馆的精髓就是以人为本，以用户为中心，一切从用户的角度出发来提供服务。智慧图书馆的一体化使用既体现在用户可以到图书馆来，利用物理形态的图书馆，包括使用各种设备工具来满足其需求，如借阅、参考咨询、知识共享、小组讨论、丰富课余文化生活的视听活动等；还体现在它的另一个形态——移动图书馆，用户可以在手机或平板电脑等终端设备上无障碍、便捷地使用智慧图书馆。例如，重庆图书馆的手机图书馆功能包括了丰富的内容，如书目查询、我的图书馆、重图新闻、重图电子书、入馆指南、读者互动、阅读通、讲座预告、使用说明等。中国国家图书馆的"掌上国图"则以其独特丰富的内容形成了服务的特色。移动通信在图书馆中的广泛应用，使21世纪初提

出的"我的图书馆"的创新理念真正落到了实处。

3. 个性化程度更高

进入21世纪以来，世界各地的图书馆的服务理念都发生了深刻变革，尤其是在我国，发生了从以管理为中心到以服务为中心，从以前的被动服务到现在提倡主动服务，从重视资源建设和馆藏建设到服务与建设并重，从提供固化的、程式化的服务到提供专业的、个性化的服务的变化。可以明显看到的是，智慧图书馆比以往的图书馆理念的个性化服务意识有了质的飞跃。同时，智慧图书馆也强调与用户互动，它提供的服务是智慧化的、交互性强的个性化服务。

（二）互联性

智慧图书馆的技术具有数字化、网络化和智慧化的特点，智慧图书馆的互联体现在三个方面：全面感知、立体互联和深度协同。

1. 全面感知

智慧图书馆通过各种传感器，使图书馆有了"皮肤"，可以感觉到外部的变化。将传感器部署在设备终端或馆内一些需要感知的环境中，可以获取想要得到的数据。例如，温湿度传感器可以用于对机房的监控和预警，射频识别感应系统可用于图书和文献的感知，等等。目前通过物联网连接的传感器涉及范围非常广泛，包括手机、电脑、射频识别装置、红外感应器、全球定位系统、激光扫描器等。再比如，美国西雅图公共图书馆在多媒体文献全面感知的基础上实现了有读者服务的实时数据显示管理，图书、DVD、CD等各类文献读者的实时服务数据通过大屏幕分类显示，一目了然。挪威国家图书馆的汽车图书馆也是在信息全面互联感知的基础上实现了汽车图书馆内外人的互动以及文献借阅和音乐欣赏等多样化服务。

2. 立体互联

立体互联即全面的互联，包括图书馆物理空间的互联，楼与楼之间、层与层之间、区域与区域之间、房间与房间之间、桌与桌之间、计算机与计算机之间、屏幕与屏幕之间、馆藏与借阅之间的互联，以及网络与网络之间、馆与馆之间、书库与书库之间、图书与图书之间、人与物之间的互联，图书馆服务主体馆员之间，服务客体读者之间的互联，主体馆员与客体读者间人与人、人与机器的互联，三网融合（电信网、广播电视网、互联网）的互联，图书馆跨行业、跨部门、跨城区或跨国界的互联。这些主体的立体式互联使得图书馆成为一个有机融合的整体，从而保证了图书馆服务的深度和质量。

3. 深度协同

智慧图书馆的深度协同体现在馆员与设备工具的协同、馆员与用户的协同、用户与设备工具的协同、信息技术与所有智慧图书馆的主体的协同，以及图书馆与其他馆或信息机构的协同。现代社会，图书馆的信息共享尤为重要，它不但能够使各馆之间互通有无，而且能够提高资源使用效率，使图书馆的作用最大化。而这些协同的实现必须要有一定的机制，用以规范协同系统内各组成单元的关系，同时维持协同系统的正常运转。例如，在各图书馆之间可以创建个人诚信信息系统，各个图书馆的读者诚信记录可以实现同城联网、全省联网乃至全国联网。这就需要运用智慧图书馆建设的协同理念，在信息技术的支持下创建图书馆诚信协同机制，并逐步建立起图书馆读者诚信网。

（三）高效性

智慧图书馆的高效性不但体现在管理的高效，还体现在服务的高效和资源配置的高效上。

1. 高效管理

图书馆管理，是指图书馆的主管者，通过计划、决策、组织、领导、控制和创新等职能来协调工作人员的行为，以达到图书馆预期目标的活动过程。智慧图书馆就是要使管理科学化，使馆内各组成部分高效运转，如促进设备工具的高效使用、提高馆员的工作效率、提高管理者决策效率、提高图书馆整体的创新能力。高效的管理就是要提高图书馆反应的即时性和适时性，使图书馆复杂的神经系统在面临千变万化的动态发展情况下能够做到"耳聪目明"并快速反应，借以提高图书馆管理的灵敏度。例如，通过智能技术的物联网，可以实时监控电梯运行，让每台电梯自己成为"安全员"，使电梯运行故障及时被发现并得到处置。

2. 高效服务

在现代社会，用户的服务需求越来越向着高、精、深方向发展，对图书馆的要求也越来越高。智慧图书馆的高效服务，一方面体现在馆员根据用户的服务需求，通过现代化的技术手段，提供最符合要求的信息资源，必要时，还要根据用户深层次的需求提供更专业的服务，如情报服务、知识服务等。另一方面体现在图书馆要形成一个集群，利用整体的力量来满足用户个性化的服务需求。例如，"同城一卡通"是21世纪以来图书馆整合集群的典型案例，这种突破行政区划和城市中的分级财政而实现的跨区域的全城（乡）一卡通，使图书馆公共文化服务体系实现了质的飞跃，使原本一个个独立的图书馆资源整合为集群共享的图书馆，使图书馆的设施资源、文献资源以及人力资源的效能走向了最优化。

3. 资源优化配置

绿色发展是当今时代的主题，也是智慧图书馆的灵魂。图书馆的资源优化配置的核心就是提倡图书馆的绿色发展，而低碳环保又是图书馆绿色发展的核心。这就需要馆员转变工作方式，树立绿色发展理念，从点滴做起。例如，现今大学图书馆的占座系统大部分已实现无纸化运行，即取消小票机占座，通过电子选座系统来实现占座，在节约了纸张的同时也提高了占座的效率。

二、智慧图书馆的核心要素

智慧图书馆的核心要素可从智慧资源、智慧服务、智慧人员、智慧场所、智慧治理、可持续发展的技术平台和环境六个维度去分析。

（一）智慧资源

智慧资源是智慧图书馆建设的核心内容之一，它涵盖了传统图书馆和数字图书馆利用各种信息技术呈现的所有资源，以及原生数字资源和创新型数字资源。随着信息时代的深入发展，智慧资源不仅仅是传统图书的数字化呈现，还包括了丰富的多媒体内容、开放获取资源以及用户生成的内容。这些资源的多样性为用户提供了更为广泛和深入的知识获取途径，也为图书馆提供了更为丰富和多元的内容管理挑战。

图书馆处理资源的程序通常包括收集、加工、流通和保存等环节。而智慧图书馆时代的到来，使得每一个环节都能够实现增值。不再局限于传统的流通环节，智慧图书馆通过信息技术的运用，使得收集更为广泛、加工更为精细、保存更为可持续，从而为用户提供更为优质的服务和资源。例如，借助数据挖掘和分析技术，图书馆可以更准确地了解用户的需求，为用户提供个性化的服务和推荐。

智慧图书馆通过打造智慧资源，成为知识革命的中心，能够从容面对商业机构的竞争。随着科技和网络技术的不断发展，学术记录形态愈加丰富多元，图书馆馆藏资源结构也在逐步转变为各种形式资源的集合体。因此，智慧图书馆应当扩大资源收藏范围，构建智慧资源，以满足不同人群的研究和学习需求。同时，智慧资源建设应以用户需求为中心，整合现实馆藏资源和全球网络资源，为用户提供更为便捷和丰富的资源获取途径。

智慧资源建设还需要重塑图书馆的边界，加大对非正式出版物的收藏，并形成馆藏特色。在信息爆炸的时代，非正式出版物可能包含了丰富的前沿学术成果和创新思想，因此对其进行收藏和整理，不仅有助于丰富图书馆的馆藏内容，也能够提升图书馆的学术影响力。通过构建图书馆的学术圈，满足用户的深度服务需求，让资源在与用户的互动中实现迭代生长，不断丰富和完善资源库，为用户提供更为优质和个性化的服务体验。

（二）智慧服务

智慧服务在现代图书馆中扮演着重要的角色，它体现了智慧城市的创新精神在图书馆服务中的应用。这种服务的核心特征在于提供创新、智能化的精准服务，为用户、馆员、图书馆以及整个社会创造价值。为了实现智慧服务，图书馆需要进行业务重构，重新审视工作流程，改变管理架构，成为新范式的制定者。同时，智慧服务也要求图书馆重新审视行业，开放平台架构，创新业务模式，成为新生态的维护者。这种业务重构的动力来自用户需求的变化和信息技术的快速发展，因此图书馆应以用户的数据需求和智慧化服务为核心，以适应新技术和用户诉求的变化。

目前，智慧服务主要涉及新技术在图书馆的应用，如射频识别技术、远程协助、移动和无线访问、语义网、人工智能、物联网等，以提升图书馆读者的用户体验。智慧服务的评估应包括移动人群感知、图书馆空间使用、对图书馆设施的访问、敏捷管理、用户体验设计等方面，但关键在于服务是否对用户友好，以及是否以用户为中心。智慧图书馆应该使自身适应用户的需求，而不是要求用户适应现有的图书馆服务。

（三）智慧人员

智慧图书馆的愿景着眼于为智慧人员提供专门设计的服务，将用户置于核心位置，旨在提供友好便捷的服务体验。在这一愿景中，用户被视为知识的主动或共同生产者，而非信息的被动消费者。这意味着智慧图书馆致力于建立一个与传统图书馆不同的环境，鼓励用户积极参与知识的创造和分享过程。智慧人员的定义围绕着智慧用户和智慧馆员两大核心概念展开。智慧用户被描述为具有灵活性和创造力的智慧型公民，他们需要得到服务以促进自身能力和技能的发展，并与其他用户共同生产知识。这一定义凸显了用户作为知识生产者的角色，以及智慧图书馆在其发展过程中对用户参与的重视。

智慧图书馆的目标在于实现信息和知识的共享，从而促进智慧用户的特征和技能的发展。这一目标与图书馆的"公共平台"概念相契合，强调了知识共享和社区互助的重要性。智慧馆员在这一愿景中扮演着关键角色，其责任不仅包括理解人工智能管理工具和语义网的使用方法，还包括收集信息、提供技术指导和信息使用方法，并为用户提供各种可靠信息，连接用户与知识资源。智慧馆员的任务则是将图书馆转变为个性化、智能化、敏感化和生活化的图书馆，这需要他们通过创新的服务模式和技术手段，满足用户多样化的需求，提升图书馆的整体服务水平和用户体验质量。

（四）智慧场所

图书馆作为智慧场所，其建筑物和物理空间在两个方面发挥着重要作用。首先，图书馆以可持续发展为目标，采取一系列措施来实现这一目标。这些措施包括采用可持续建筑评级系统，以确保建筑物在设计和建造过程中符合环保标准。同时，图书馆还实施废物管理措施，通过回收和循环利用废物，减少了环境污染。此外，通过增加自然条件的吸引力，如引入绿色植被和自然光线，图书馆不仅提供了更健康的环境，还促进了生物多样性的保护。其次，图书馆还致力于智能化生活的实现。通过监视和控制建筑物和装置，以及监视电气设备，图书馆提供了更加安全和高效的服务。同时，图书馆还注重提供健康的环境，从而提高了服务质量和吸引力。

智慧场所是绿色图书馆和环境能源可持续性的创新品质的融合体。它不仅关注环境的保护，还通过创新的技术手段实现了能源的可持续利用，体现了对未来可持续发展的承诺。

传统图书馆通过建筑和功能的转变使其成为智慧场所是一个渐进的过程。这种转变涉及从建筑设计到管理模式的全方位改变。通过更新建筑设施，引入智能技术，以及改变服务模式，图书馆逐步实现了从传统到智慧场所的转型。

图书馆作为智慧场所对城市的可持续发展和智慧建设做出了重要贡献。它不仅提供了符合环保标准的建筑和服务，还通过倡导可持续发展理念，推动了城市社区的发展。同时，作为智慧场所，图书馆还是城市智慧建设的重要组成部分，通过引入先进技术，为城市居民提供了更便捷、更智能的服务，推动了城市的智慧化发展。

（五）智慧治理

智慧图书馆的第五个核心要素——智慧治理，凸显了集体智慧和社区参与的核心概念。这一概念旨在使图书馆成为城市智慧治理的一部分，强调协作、合作、伙伴关系以及用户参与等功能。在智慧管理方面，图书馆必须将用户视为利益相关者，并建立起信任合作的关系，使其参与到决策与管理中来，以提高效率和透明度。智能网络的应用使得图书馆更加开放和嵌入到社会和文化环境中。此外，图书馆的决策应该综合考虑更大生态系统的各个要素，而不是孤立机构的独立决定。

集体智慧是智慧治理的关键概念，代表了图书馆工作人员、图书馆以及其他相关机构共同承担责任的治理方式，也是提高社会凝聚力的方法之一。图书馆通过多种方式为地区文化和教育事业做出贡献，提高社会大众获取信息和服务的能力。智慧图书馆的发展需要依赖资助者的支持，包括地方政府、大学、学术资助机构和基金会等。在公共投资稀缺的时代，智慧图书馆成为证明图书馆投资合理性的一个重要论据。

（六）可持续发展的技术平台和环境

在当今知识社会的背景下，科技和创新生态成为推动智慧图书馆发展的关键因素。科技的进步涵盖了云计算、大数据、移动互联网、物联网、人工智能等新一代信息技术，为图书馆提供了丰富的发展可能性。同时，创新生态则指导着在这一技术基础上孕育开放创新的环境与机制。关于智慧图书馆的可持续发展，构建在技术平台之上是至关重要的。这些技术平台不仅有助于资源的高效管理，而且能够满足图书馆日益多样化的需求，其特点在于开放互联、可扩展的应用场景和服务。

在这样的技术平台和创新生态的支持下，智慧图书馆得以将环境转化为促进智慧服务的催化剂。以用户为中心的智慧服务通过技术平台和创新环境的共同作用，使得图书馆得以进行机构重组、业务调整以及人员培养，进入自我优化循环。这种智慧服务不仅仅是传统意义上的文献信息服务，更注重于知识组织和服务的有机连接，使得图书馆成为知识生产者和消费者之间的重要桥梁。

智慧图书馆在服务上的不断整合与融合也是实现可持续发展的关键。通过技术平台的支持，图书馆得以实现服务的融合、整合、联合和聚合，从而提高服务效率，满足用户多样化的需求。这种服务模式的更新迭代，使得图书馆的生态环境得以升级，进而形成可持续发展的模式。

三、智慧图书馆的功能

智慧图书馆的功能主要包括自助检索、自助借阅、自助还书、自助分拣和图书杀菌等。

（一）自助检索

智慧图书馆的自助检索功能为读者提供了快速准确地找到所需图书的便捷途径。读者可通过输入关键词或扫描条形码，轻松地在图书馆数据库中查询相关信息。一旦进入智慧图书馆，读者只需依次进行简单的步骤：首先是登录图书馆系统，然后输入相关的关键词或者直接扫描图书的条形码以进行搜索。系统将自动给出相关的图书信息，包括其在图书馆内的位置、当前的状态等。接着，读者可以直接在终端上完成预约或借阅操作。如果需要帮助，他们也可以随时向图书馆的工作人员寻求协助。这种自助检索功能的引入，不仅可以避免读者在图书馆中花费大量时间寻找书籍，从而提高效率，同时也会大大减轻图书馆工作人员的工作负担，提升整体工作效率。通过数字化方式进行的自助检索，使得图书馆的管理和服务变得更加高效和便捷。

（二）自助借阅

智慧图书馆的自助借阅功能为读者提供了不受时间和空间限制的自主借阅体验。操作简便，读者只需在智能终端手动输入书籍编号即可完成借阅。自助借阅功能的操作流程包括以下步骤：首先，读者需要登录系统以验证身份；其次，输入书籍编号，系统会快速识别并显示书籍信息；再次，读者可以检查借阅情况，包括当前是否有可借的副本以及借阅时长等信息；最后，在确认借阅后，系统会自动计算借阅期限并生成借阅记录，以便读者日后查阅。借阅期间，读者可以在规定时间内借阅书籍，并在期限结束前归还。此外，智慧图书馆还提供续借功能，读者可以通过自助借阅终端轻松完成续借操作，从而进一步提高了借阅的便利性和效率，同时也减轻了图书馆工作人员的工作负担。通过这些自助借阅功能，图书馆改善了服务水平，提升了用户体验，为读者提供了更好的借阅体验，使他们可以更自由、更便捷地获取所需的图书资源，从而更好地支持学习和研究活动。

（三）自助还书

智慧图书馆的自助还书功能为读者提供了便利与灵活性，消除了时间和空间的限制。读者可以随时随地自主完成图书归还，无须受到图书馆开放时间的束缚。操作十分简便，读者只需将借阅的图书放入自助还书机器中，机器会自动识别图书信息并完成还书操作。具体的操作流程包括：将图书放入机器中，机器自动识别图书信息，查询借阅状态并更新借阅记录，计算并扣除逾期罚款，最后将图书放回书架。这一流程无须借助图书馆柜台，极大地节省了读者的时间，实现了方便快捷的归还过程。同时，这一功能也大大减少了图书馆工作人员的工作量，提高了图书管理的效率。通过自助还书功能，图书馆能够更专注于提升服务质量和用户体验，为读者提供更便捷、高效的服务。

（四）自助分拣

自助分拣功能是现代图书馆管理的一项重要技术，其实现了自动化归还流程，极大地提高了管理效率。操作简便是其最大优点之一，读者只需将图书放入机器，系统便会自动识别相关信息，并将书籍放在正确的书架上。整个过程包括将图书放入机器、系统进行信息识别分析、将图书自动送至书架以及将需要维护的图书送至维护区域。这种自助分拣系统带来的益处是多方面的，首先是减少了工作人员的工作量，其次是提高了管理效率，更重要的是提升了服务水平和用户体验。通过自助分拣，读者可以更快捷地完成归还图书的流程，不再需要等待工作人员处理，大大提高了借还效率，使得用户在图书馆的体验更加便利和舒适。

（五）图书杀菌

图书杀菌功能在当前的卫生安全环境下显得尤为重要。这一功能能够有效防止图书传播病毒和细菌，从而保障读者的健康安全。其操作步骤也十分简单：将图书放入杀菌机器，启动后利用紫外线进行全面杀菌，完成后自动放回书架。这项技术的益处主要体现在降低了传染疾病的风险，为读者提供了安全卫生的借书体验，同时也减轻了工作人员的工作量。特别是在公共场所如图书馆，图书杀菌技术的运用能够有效地减少疾病传播的可能性，保障了读者和工作人员的身体健康，提升了图书馆的卫生安全标准，使其成为一个更加安全、健康的学习和阅读场所。

第三节　智慧图书馆的建设理论与系统平台

一、智慧图书馆建设的理论基础

（一）智慧图书馆建设的目标

智慧图书馆的建设必须明确目标，以便聚焦重难点问题。设立清晰的目标有助于指导资源的合理配置和发展方向的明确。通过明确定义的目标，智慧图书馆能够更好地满足用户需求，提高服务水平。

1. 实现图书馆平台与系统的全融合

图书馆平台与系统全融合的关键点在于技术驱动和多终端系统。首先，技术发展推动用户提升对图书馆服务的期望。随着科技的迅速发展，用户对于信息获取和利用的需求不断增加，他们希望得到更便捷、更高效的图书馆服务。因此，图书馆需要不断引入新技术，提升自身服务水平，以满足用户日益增长的需求。其次，开发多种智能终端系统，实现服务的全融合，以提升用户体验。用户体验是智慧图书馆建设的重要指标之一，通过将图书馆平台与各类智能终端系统全面融合，用户可以随时随地便捷地获取所需信息，提升了用户的满意度和忠诚度。

2. 实现图书馆服务的全智能

图书馆服务全智能的关键点包括知识转化和技术手段的综合应用。首先，利用信息技术将数字资源转化为知识服务。随着数字化时代的到来，图书馆的服务内容已经不再局限于传统的纸质书籍和期刊，数字资源成为图书馆不可或缺的一部分。因此，图书馆需要利用信息技术，将这些数字资源有效地转化为用户可用的知识服务，满足用户的各种需求。其次，综合应用技术手段（如数据挖掘、知识管理），提供个性化的知识服务。通过数据挖掘等技术手段，图书馆能够深入了解用户的需求和偏好，从而为用户提供更加个性化、精准的知识服务，提高用户体验和满意度。

3. 实现用户需求的全面覆盖

图书馆作为社会文化服务的重要组成部分，其发展的核心在于满足用户需求。这些需求不仅多样而丰富，更是图书馆服务的立足之本。首先，了解和满足用户的现实需求是图书馆服务的首要任务。用户可能需要获取特定的信息、借阅特定类型的书籍，或是利用图书馆的学习空间。其次，挖掘潜在需求同样至关重要。这意味着图书馆需要通过各种渠道积极收集用户反馈、观察使用行为，以发现用户可能存在但尚未表达的需求。为了更好地了解和满足用户需求，图书馆可以运用现代技术，如用户画像技术，通过数据分析和用户调研，深入挖掘不同读者群体的需求特征和偏好，从而为其提供更精准、个性化的服务。最后，为了实现各类群体服务的全覆盖，图书馆需要推进服务的多样化和特色化。通过开展丰富多彩的活动，提供多元化的资源，以及针对不同用户群体的定制化服务，图书馆可以更好地满足不同用户群体的需求，确保服务的全面覆盖。

4. 实现图书馆业务管理的全优化

图书馆的服务效能与品质提升是其发展的关键目标之一。为了实现这一目标，图书馆需要将用户需求视为服务的中心，并以此为指引，不断转型、创新与提升。在信息技术快速发展的背景下，图书馆管理也需要不断调整和更新。首先，图书馆需要积极转变管理理念与文化，从传统的文书管理向现代信息化管理转变，通过引入先进的管理方法和技术手段提高服务的效率和质量。其次，图书馆可以利用科技手段实时挖掘用户需求，通过数据分析等手段，全面了解用户的需求，以便更好地满足用户的多维度、多内容的需求。此外，挖掘馆员的业务专长，提升馆员的价值认同，对于图书馆业务管理的优化至关重要。通过加强馆员的专业培训和学习交流，充分发挥馆员的专业素养和团队合作精神，进一步提升服务水平和用户满意度。最后，建立健全的用户满意度评估与反馈机制，持续改进服务、业务和管理。通过定期开展用户满意度调查、接受用户建议和意见，图书馆可以及时发现问题、改进不足，不断优化服务流程和管理方式，确保图书馆业务管理的全面优化和用户满意度的持续提升。

5. 实现图书馆数据的全利用

实现图书馆数据的全利用关键在于采用大数据技术、推进智慧化转变、倡导信息生态链理念、构建智慧信息服务体系、推动数据驱动的应用服务以及建设多维互联的信息系统。第一，大数据技术的应用是关键一环，它使得图书馆能够高效地处理数据并挖掘其潜在价值。通过对海量数据的分析，图书馆能够更好地了解用户需求、优化资源配置，从而提升服务质量和效率。第二，智慧化转变进程是必不可少的。图书馆需要加速信息化、知识化、智慧化的转变，使得其服务更加智能、便捷。第三，引入信息生态链理念，将其应用到图书馆的各个工作流程中，实现资源共享、信息互通、服务互联，构建一个更加完整的服务体系。第四，建立多层级的智慧信息服务体系，不仅涵盖设施、资源、服务等方面，还能够满足不同用户群体的需求，提供个性化服务。第五，数据驱动的应用服务也至关重要，通过数据驱动的资源采购、空间管理、个性推荐等智慧应用服务，图书馆能够更加精准地满足用户需求。第六，建设多维互联的信息系统是实现智慧图书馆的关键一环，它能够推进图书馆智慧服务体系和管理体系的构建，实现各项功能的有机衔接与高效运作。

（二）智慧图书馆建设的标准规范

智慧图书馆建设的标准规范是不可或缺的。一方面，标准化问题引起争议，尤其是在公共图书馆向智慧图书馆转型过程中更为明显。传统的标准已经不再适应新的需求，因此需要全面审视并更新标准。另一方面，迫切需要建立新的标准体系，以适应智慧图书馆建设的需要。这个新的标准体系应该更加贴合智慧化、信息化的发展趋势，涵盖更多元化的内容。智慧图书馆建设标准的内容主要包括结构、技术、服务、数据及评价等五个方面。

1. 结构标准

智慧图书馆建设结构主要分为智慧产品和智慧服务两个大方面。智慧产品涵盖了自助导航、咨询机器人等智能设备，这些设备旨在提升图书馆的服务效率和用户体验。自助导航系统可以帮助用户快速找到所需图书位置，减少客户在馆内觅书的时间和困扰，为用户提供便利。咨询机器人则通过人工智能技术，能够为用户提供24小时不间断的咨询服务，解答图书馆规则、馆藏资料、借阅流程等问题，为用户提供全天候的便捷支持。

智慧服务则包括了馆藏图书资源服务和空间智慧服务。馆藏图书资源服务旨在提升图书馆的资源管理效率和服务水平。通过数字化管理和智能化检索技术，用户可以更快捷地查阅到所需图书资源，大大节省了用户的时间成本。而空间智慧服务则通过智能化设备和数据分析技术，对图书馆的空间利用情况进行监测和优化，包括座位预约系统、环境舒适度监测系统等，以提升用户在图书馆的使用体验和舒适度。

为了保证智慧图书馆建设的质量和标准化程度，结构标准规范被制定出来。这些规范包括基础规范、技术规范、业务规范、数据规范和服务规范五个方面。基础规范主要包括术语词表、数据交换、开放原则和最佳实践等内容，为智慧图书馆建设提供了统一的语言和基础操作准则。技术规范则涵盖机器学习应用指南、生态建筑标准、人机交互应用规范等内容，为智慧图书馆的技术应用和设备选型提供指导。

2. 技术标准

智慧图书馆是一个融合了人工智能、物联网、大数据和云计算等先进技术的智能化系统。其技术支撑包括感知传导技术、分析判断技术和服务提供技术三个方面。在基础设施层，先进技术被运用于图书馆馆藏资源管理，实现了资源管理的智能化和智能感知功能，为读者提供智能化的服务。在资源管理层，数字网络技术被利用来描述图书信息并实现智能检索，使得图书馆可以实现多语言、多领域通用操作，从而提高资源的利用效率。应用服务层支持不同业务平台系统的操作标准，实现了平台数据的互通和整合，从而实现智能化管理和服务。此外，智慧图书馆还遵循一系列标准与规范，包括统一认证接口规范、数字对象唯一标识符参考实现方案、数字对象唯一标识符本地解析规范、ODL规范及开发指南以及Open URL资源调度规范。遵循这些规范有助于确保系统的稳定性和可靠性，同时也方便系统的开发和维护。

3. 服务标准

智慧图书馆能够对空间、环境、客户服务进行智能感知和反应。具体来说，根据智慧图书馆建设及运营要求，所建立的服务标准包括以下几个方面：

第一，智慧服务泛环境化是一项具有前瞻性的服务理念，旨在消除语言及身体障碍，降低技术门槛，提供直观资源展示，并实现24小时不限时的服务。这一理念通过利用人工智能（AI）和虚拟现实（VR）技术，提供虚拟数字服务，为用户带来更加便捷和直观的服务体验。

第二，服务主动化是智慧服务的重要特征之一，它通过分析用户的阅读习惯和历史数据，提供个性化的服务。这包括专业教育和数字咨询等方面，使用户能够更加高效地获取所需信息，并提高信息获取的准确性和便捷性。

第三，知识服务多元化是为了满足用户个性化需求而采取的措施，利用智能技术提供多元化的知识服务。通过建立智慧图书馆等方式，用户可以根据自己的兴趣和需求获取到更加丰富和多样化的知识资源，从而提升个人素养和知识水平。

第四，服务自助智慧化是智慧服务的重要组成部分，它通过机器人问答、自助查阅、检索和阅读设备等方式，为用户提供智慧服务。这种形式的服务不仅提高了服务效率，还增强了用户的参与感和体验感。

第五，空间体验服务是通过设置特定功能空间，实现沉浸式阅读体验，提供吸引用户的物理环境和氛围。这种服务形式可以增强用户的阅读体验，提高用户的满意度和忠诚度。

第六，信息素养教育是智慧服务的重要内容之一，通过运用先进技术培养用户的数字、信息、视觉、计算机应用素养，提高用户的信息获取和处理能力，增强用户的信息素养水平。

第七，智能反馈评估是通过智能信息收集和互动服务，增强用户体验，拓宽互动、沟通和评估渠道。这种服务形式可以更加及时和准确地了解用户的需求和反馈，从而不断优化和改进服务质量。

第八，隐私保护是智慧服务的重要原则之一，通过匿名化标签、图像加密技术和匿名处理等手段，降低数据信息发布的精度，保护用户的隐私。这种方式能够有效保护用户的个人隐私，提高用户对智慧服务的信任度和满意度。

4. 数据标准

在建立智慧图书馆系统时，数据标准的设计和实施至关重要。这包括组织性、管理性和使用性数据标准，以确保数据的有效管理、互操作性和可持续性。

（1）组织性数据标准是确保数据在整个系统中一致性和可识别性的基础。数据编码标准是其中的关键一环，它定义了通用的数据规范性表达、融合和交换方法。例如，《非结构化数据表示规范》提供了对非结构化数据进行有效表示和处理的指导。另一个关键方面是数据描述标准，特别是针对数字资源的规范描述。《数字对象唯一标识系统》等标准为智慧图书馆的数字资源提供了统一的、唯一的标识，促进了资源的准确描述和管理。

（2）管理性数据标准关注如何有效地管理和存储数据。数据筛选标准规定了数据信息采集的范围和重要领域，确保只有最具价值的数据被收集和处理。数据存储标准通过分布式存储模式统一存储结构化和非结构化数据，提高了数据的可扩展性和灵活性。数据质量标准则确保了数据的一致性、完整性和时效性，为用户提供可靠的信息来源。此外，数据评估标准根据成本或效益理论等评估数据的价值，有助于确定数据管理策略和优化资源配置。

（3）使用性数据标准关注如何促进数据的共享和分析。数据共享标准支持不同层级之间以及与其他领域和社会的数据共享，促进了信息流通和合作。数据分析标准涉及算法应用和数据分析模型等，规范了馆员的行为，确保数据分析的可靠性和有效性。这些标准的实施有助于智慧图书馆系统更好地满足用户需求，促进知识的传播和创新。

5. 评价标准

（1）馆员评价标准。在评价智慧图书馆的馆员质量时，首先要考虑馆员结构及分布。这包括了馆员的学历结构、职称结构、专业背景以及信息技术能力。一个优秀的智慧图书馆需要拥有结构合理、专业背景多元化的馆员团队，他们具备扎实的学术背景和丰富的信息科技知识，能够应对各种信息服务需求。其次，培训投入和参与度也是评价的重要指标。智慧图书馆应每年投入一定比例的经费进行馆员职业能力培训，提升馆员的专业水平和服务能力。最后，创新能力和水平也是评价的重要方面。智慧图书馆馆员应积极参与智慧图书馆考评活动，提出创新建议并实施创新项目，推动智慧图书馆的发展。

（2）基础设施评价标准。评价智慧图书馆的基础设施需要考虑智能化管理水平和信息化平台建设两个方面。一方面，智能化管理水平包括物理智能化和空间智能化管理水平，这涉及智慧图书馆的自动化管理设备和智能化环境设计，以提升图书馆的管理效率和服务水平。另一方面，信息化平台建设包括基础数据信息平台、公共数据资源共享平台、云存储平台等，这些平台的建设能够为馆员提供更便捷、高效的信息管理和服务工具，为读者提供更丰富、全面的信息资源。

（3）管理评价标准。智慧图书馆的管理评价主要包括智能化应用水平与数据信息采集和分析能力两个方面。智能化应用水平涉及人员管理、运营管理和文献资源管理的智能化应用，包括自动化借还书系统、智能化的资源管理系统等，这些应用能够提升图书馆的管理效率和服务水平。另外，数据信息采集和分析能力也是智慧图书馆管理的重要指标，包括工作流数据信息采集、用户信息采集筛选以及图书资源利用分析等，这些能力可以帮助图书馆更好地了解读者需求，优化资源配置，提升服务质量。

（4）服务评价标准。评价智慧图书馆的服务质量需要考虑空间利用和辅助系统、技术应用成熟度以及信息资源管理服务三个方面。空间利用和辅助系统应该具备个性化空间利用可及性和智能辅助系统的应用，以提升读者的阅读体验和服务便利性。同时，技术应用成熟度也是评价服务质量的重要指标，包括虚拟现实、增强现实（AR）应用成熟度和信息素养教育等，这些新技术手段能够为读者提供更多样化、丰富化的服务体验。另外，信息资源管理服务也是评价智慧图书馆服务质量的重要方面，包括馆藏信息资源挖掘服务、个性化服务精准度以及科研数据信息管理服务等，这些服务能够满足不同读者群体的信息需求，提升图书馆的服务水平和影响力。

（三）智慧图书馆建设的原则

1. 标准化和规范化原则

在智慧环境下，图书馆信息的采集、加工、传播和利用都依赖于网络。互联网的普及为图书馆建设带来便利，但要实现全国乃至全球范围内的共建共享，统一的标准和建设规范至关重要。标准化和规范化直接影响智慧化建设的成败。国际通用的数据格式标准、统一的网络通信协议和符合行业标准规范的设备是关键。统一的标准、规范、协议以及兼容的软硬件对数字资源系统建设、技术平台构建和信息服务系统开发至关重要。在图书馆系统互联互访中，这些统一的标准和规范发挥着不可替代的作用。因此，智慧图书馆的未来建设和功能服务的实现必须建立在统一的标准和规范基础之上。

智慧图书馆倚赖网络进行信息管理的全过程。从信息的采集到加工，再到传播和利用，网络都是不可或缺的基础，而互联网的广泛应用为图书馆提供了便捷的建设环境。然而，要实现图书馆在全国范围乃至全球范围内的共建共享，统一的标准和建设规范显得尤为关键。这些标准和规范的制定直接决定了智慧化建设的成败。

具体而言，国际通用的数据格式标准、统一的网络通信协议以及符合行业标准规范的设备是确保智慧化建设顺利进行的关键因素。只有这些标准和规范得以统一，数字资源系统的建设、技术平台的构建以及信息服务系统的开发才能顺利进行。在图书馆系统的互联互访中，这些统一的标准和规范发挥着不可替代的作用，确保了信息的流通和共享的顺畅性。

2. 开放性和集成性原则

未来智慧图书馆将成为高度个性化的智慧服务提供者，允许读者互动或自主参与图书馆的服务与管理。基于移动互联网的发展，信息的创建、处理、传输和搜索将变得高效便捷，读者也成为信息数据的创造者，从而促进信息扩散更迅速、直接。在这一背景下，智慧图书馆不仅提供微信互动、微博分享、网上联合知识导航站、电话预约、就近取书等服务，降低了图书馆的进入"高度"，更重要的是促进了馆员与读者、读者与读者、馆员与馆员之间的自由互动和协同参与。通过这种方式，智慧图书馆不再是一个传统的信息存储与传递场所，而是一个充满活力、与时俱进的知识共享与创造空间。

智慧图书馆的建设不仅仅局限于信息服务的提供，更在于技术的智慧化应用。借助云计算和物联网技术，智慧图书馆实现了文献信息机构之间的跨系统应用集成、跨部门信息共享、跨媒体深度融合、文献感知服务和集群管理。以上海图书馆的"同城一卡通"为例，该系统实现了读者对可借阅文献的实时跨时空获取，在237个总分馆中实现了集群系统的互通互联，为读者提供了更便捷、全面的信息获取途径。此外，通过知识信息的共建整合、无障碍转换、跨时空传递，智慧图书馆实现了集约显示、便捷获取，拓展了知识资源的视角，实现了智慧化运作。图书馆要实现服务创新，必须依靠新技术的智慧化应用，这也是未来智慧图书馆发展的重要方向。通过不断整合创新的技术手段，智慧图书馆将为读者提供更加便捷、个性化的服务，促进知识的传播与共享，推动图书馆的功能不断拓展与升级。

3. 共建性和共享性原则

智慧化建设是图书馆发展的必然趋势，而共建共享原则则是实现智慧化建设的关键。在资源有限的情况下，单个图书馆难以承担完整的智慧化建设，因此共建共享原则成为必要的选择。这一原则强调图书馆之间资源的共享和合作，通过建立联盟和合作机制，如联机计算机图书馆中心（Online Computer Library Center，OCLC）和中国高等教育文献保障系统（CALIS），图书馆可以共享采购和技术资源，避免重复投入，提高资源利用效率。通过共建共享，图书馆能够获得更多、更广泛的资源，为读者提供更加丰富和多样化的服务。共建共享原则不仅有助于提升图书馆的智慧化水平，还促进了图书馆之间的合作与交流，形成了一个更加开放、共生的图书馆生态系统。

4. 智慧性和泛在性原则

智慧化建设的另一个重要原则是智慧性和泛在性。这一原则体现在服务时间、空间、对象和内容的无缝覆盖上。通过无线网络技术和自动化系统的应用，图书馆能够实现连续7×24小时的全天候服务，不受时间和地点的限制，为用户提供了更加便捷和灵活的服务体验。同时，移动通信技术的发展为图书馆的服务模式带来了革命性的变化，用户不再受限于固定的服务点，而是能够随时随地获取所需资源和服务。这进一步拓展了图书馆的服务对象范围，提高了服务的包容性和普及性。除此之外，图书馆还通过共建共享的方式整合不同平台的资源，包括共享资源中心和互联网等，提供归纳整理后的信息服务。这种整合不仅拓展了数字化资源的利用率，还为用户提供了更加便捷、高效的信息获取途径，使得图书馆成为信息智慧化时代的重要节点和服务枢纽。智慧化建设的普及和深化将进一步推动图书馆向智慧、开放、共享、共生的方向发展，为社会的知识创新和文化传承提供更加强大的支持和服务。

二、智慧图书馆系统平台建设

建设智慧图书馆，就是要在以图书馆的所有相关资源为对象，搭建智慧系统平台，实现人、资源的时刻感知，在此基础上实现服务智慧化、管理智慧化。

（一）智慧系统平台功能规划

1. 深刻感知

深刻感知需要建立智慧化信息感知交互接口，通过感知交互系统与感知识别资源，所有第三方应用系统进行相关资源信息的采集、汇总、分析和发布。通过中间件的方式来对原有系统进行集成和访问，原有系统各司其职，不对其架构和功能进行冲击；现有的智慧化应用平台仅实现数据的同步交换，涉及应用和操作功能的通过中间件与原有系统的接口进行通信，达到业务交换的目的。

2. 服务智慧化

打造基于读者的个性化、智能化的服务环境，读者便可以随时、随地地享受到图书馆的各种服务。如基于读者个性化信息需求的知识聚类、推送服务；基于大型智慧墙互动展示系统设备，提供电子资源、专题资源、政务信息、资讯信息等与读者之间的多维度智能共享与互动；基于读者的图书馆签到、阅读推广、社区服务；基于智能手机的移动管理服务，实现图书移动流通、定位；基于智能手机的移动图书馆服务，实现移动定位、馆藏信息三维导航，以开放模式引导读者、馆员之间的互动；利用射频识别腕带感知少儿读者，触发视频读物、互动娱乐；利用射频识别腕带感知视障读者，触发视听资料、智能引导等。

3. 管理智慧化

通过图书馆智慧系统平台，建立数据的采集、分析后台系统和前端发布、统计入口，使管理人员可以实时跟踪、管理图书馆的所有相关资源，从而提升图书馆的管理效率，使政府投资的公益文化设施的资源得到合理配置，使用效率达到最优化。

资源均可以被实时感应、监控和管理；文献也可以被智慧化地感知，智能书架实现书架的自动盘点和文献的阅览利用率；环境指标也更加准确，馆内空间的温度、空气指数等能够实时监测和发布；图书馆集群管理智慧化，周边分馆开放情况、服务情况等均能实现实时监测。所有资源汇聚成图书馆专用大数据，并可依据数据监控图书馆的绩效规律，通过对大数据的建模、分析，提供资源配备与调节建议，为政府对图书馆的评估管理与持续投入建立数据参考。

（二）智慧系统平台系统架构

智慧系统平台主要由感知层、网络层、应用层、公共层等组成。其中感知层体现了图书馆资源、人的深刻感知，包括各种感知环境和技术；网络层实现数据的传输、处理与整合、计算；应用层则是立足于以人为本，突出服务的人性化、智慧化，从整个资源的整体管理角度，提升管理智慧化、效益化；公共层则体现智慧系统与所有第三方系统的融合和通信，并为智慧城区建设预留标准接口与通道。

1. 感知层

感知层需要构建完整的，可互相感知、定位、控制、处理的图书馆智慧感知环境。包括资源的深刻感知和人的深刻感知。

资源的深刻感知体现在两个维度：资源的广泛性、通用性，即尽可能感知图书馆的各种资源；资源的可控性，感知到的资源不仅仅是获取信息，更重要的是可以进行控制、管理、分配。如利用射频识别技术、传感器技术，感知、定位和管理图书馆文献、座席、家具、设备；利用各种传感器，感知环境温湿度、座席资源的占有率等；采集第三方信息，与图书馆自动化业务系统进行通信和集成，感知智慧城区的图书馆服务网点的运行状况等；与图书馆相关智能建筑系统、安全系统等进行通信，感知图书馆的停车位资源、楼宇信息等。

人的深刻感知体现在以人为本，将读者、馆员及管理者等各种图书馆主体对象作为感知目标，从人的行为、动作出发，感知到人在图书馆环境中的所有相关信息。如利用移动定位技术，以智能手机作为读者服务、业务管理的主要载体，通过无线通信技术、应用程序终端定位等感知和定位读者，为管理者提供移动式管理便利；利用传感器，感知图书馆的人流量等；采集第三方信息，包括与图书馆自动化业务系统进行通信和集成，感知读者服务事务、读者服务效益等。

2. 网络层

网络层是系统的神经中枢和大脑，负责信息传递和处理。将构建系统化的智能传输网络，实现感知信息传输和通信、智能交互。具体包括：利用多种网络技术，搭建硬件网络环境，确保传感信息数据、网络信息数据的快速、高效、畅通传输；构建信息传感网络系统平台，将感知获取的文献信息、阅览座位信息、可利用设备信息等图书馆服务资源开放并传递给读者；将读者利用文献信息、兴趣主题等传递给馆员，以提供相应的服务；将馆藏利用信息、家具设备安全信息等传递给图书馆职能部门，以实现智慧管理。

3. 应用层

应用层是图书馆主流业务开展的骨干系统，是实现图书馆读者服务智慧化的具体体现。该部分的构成是基于现有的图书馆自动化业务系统的深化与扩充，并将其置于智慧城区图书馆大流通环境里。主要包括：打造基于物联网、互联网、数字图书馆等基础之上的图书馆智慧平台应用系统，实现感知智慧化、服务智慧化和管理智慧化；配备和安装基础智慧服务设备和终端系统，如智能座席系统、智能服务设备、智能书架等，融入感应器、触摸、音视频指引、资源交互等功能。

4. 公共层

公共层是智慧图书馆融入智慧城区乃至智慧中国、智慧地球的开放、标准、规范接口。首先，要解决与图书馆相关的各独立系统，如楼宇智能系统、安防系统等的对接与联动；其次，它要为后续智慧城区的建设所涉及的公共标志、公共信息安全、公共场所规范预留出入通道。

（三）智慧系统平台的预期成效

1. 实现物联网与图书馆的有效融合

图书馆与读者之间的连接通道透明、顺畅、和谐，读者便可以更直观地了解图书馆的现状和资源，图书馆也将更充分地读取到读者的需求。物联网与图书馆之间的融合，如感知的深度与范围、服务的效率与便利、管理的规范与可控等，为图书馆创新服务和管理提供了新的切入点。

2. 构建人性化的公共文化服务环境

图书馆的发展正从以馆员为主向读者行为驱动过渡。智慧系统平台将会建立起全新的交互服务环境，深入读者的学习、工作和生活，适应用户使用习惯的转变，为读者和图书馆工作人员提供了一个新的体验环境，有助于构建公益性、基本性、均等性和便利性的公共文化服务体系。图书馆所提供的服务也将会从主动服务、无差别服务提升到精准服务、细分服务，并经过系统数据精心分析、筛选、评估后，再主动提供定点推送。

3. 提升图书馆的总体管理效率

在智慧系统平台环境下，基于感知、定位的读者、馆员、资源、文献等之间的互动过程，不仅为图书馆数据的采集、积累和分析提供了基础，而且为图书馆的后续文献采购及规划、读者服务优化与改进、信息发布与管理决策等工作提供了更为科学、准确的依据。对各种设施、资源的利用率进行综合管理和跟踪，实时获取和统计各项资源的使用数据，并可以以此来优化配置人力和物质，从而可以降低整体投入运行成本、实现节能减排，帮助管理者对图书馆各业务系统的关键性能指标、资源整体利用效率等进行综合分析和决策。

4. 积累行业智慧化应用经验

智慧系统平台实现了图书馆内部各种异构系统之间的信息采集、整合、分析与发布，核心系统的实施与管理等可为其他公共图书馆提供参考和借鉴意义。同时，图书馆智慧系统平台的规划和建设，符合智慧城市建设发展战略规划及趋势，包括技术方案、需求方案及整体的应用规划等，均需遵循区域性的智慧城区、智慧服务的建设服务框架要求，为图书馆与智慧城区的建设、对接提供了范例，将会有较大的行业应用前景，可满足未来部分文化领域应用的市场需求。

总之，智慧图书馆建立在物联网、互联网、数字图书馆的基础之上，它体现了文化与科技融合、文化创新发展探索。盐田区图书馆将以新馆开放为契机，在图书馆数字化、自动化、智能化之上建设一个全新的图书馆智慧系统平台，在智慧城市的建设过程中率先打造图书馆的智慧化应用。

第四节　智慧图书馆的关键技术与应用

一、物联网技术与智慧图书馆建设

物联网技术的发展为智慧图书馆建设提供重要的技术支持，符合信息化时代发展趋势，可以形成万物互联的服务体系。

（一）物联网技术简介

1. 物联网的定义理解

物联网（Internet of Things，IoT）即"万物相连的互联网"，是在互联网基础上延伸和扩展的网络，将各种信息传感设备与网络结合起来而形成的一个巨大网络，实现任何时间、任何地点，人、机、物的互联互通。

物联网是新一代信息技术的重要组成部分，IT行业又叫泛互联，意指物物相连，万物万联。由此，物联网就是物物相连的互联网。这有两层意思：第一，物联网的核心和基础仍然是互联网，是在互联网基础上延伸和扩展的网络；第二，其用户端延伸和扩展到了任何物品与物品之间，进行信息交换和通信。因此，物联网的定义是通过射频识别、红外感应器、全球定位系统、激光扫描器等信息传感设备，按约定的协议，把任何物品与互联网相连接，进行信息交换和通信，以实现对物品的智能化识别、定位、跟踪、监控和管理的一种网络。

2．物联网的基本特点

从交互对象和过程的角度来看，事物与事物之间以及人与事物之间的相互作用是物联网的核心。物联网的基本特点可以总结为整体感知、可靠传输和智能处理。

整体感知：可以利用射频识别、二维码、智能传感器等感知设备感知获取物体的各类信息。

可靠传输：将互联网与物联网无线网络互相结合，及时、无误地传输物品的信息，最终达到信息的交流与共享。

智能处理：使用各种智能技术，对感知和传送到的数据、信息进行分析处理，实现监测与控制的智能化。

3．物联网的主要功能

根据物联网的以上特征，结合信息科学的观点，围绕信息的流动过程，可以归纳出物联网处理信息的功能：

（1）获取信息的功能。主要是信息的感知、识别，信息的感知是指对事物的属性状态及其变化方式的知觉和敏感；信息的识别是指能把所感受到的事物状态用一定方式表示出来。

（2）传送信息的功能。主要是信息发送、传输、接收等环节，最后把获取的事物状态信息及其变化的方式从时间（或空间）上的一点传送到另一点的任务，这就是通常说的通信过程。

（3）处理信息的功能。是指信息的加工过程，利用已有的信息或感知的信息产生新的信息，实际是制定决策的过程。

（二）物联网在智慧图书馆的应用现状分析

智慧图书馆的概念自被提出以后，其界定在学术界从未停歇。国内的研究者有一种观点认为，智慧图书馆是一种综合性的生态系统，是通过物联网等智能感知技术，为用户提供智慧化服务和管理的高级图书馆形态，而数字图书馆和移动图书馆是其发展的基础。

目前物联网技术在图书馆中的应用，以射频识别为关键技术为主且较为成熟，射频识别芯片在图书馆的应用非常广，目前的智慧图书馆建设在硬件方面少不了射频识别技术的支持。不管是图书标识、自助借还、智能盘点，还是定位导航、24小时自助借还书亭，都是射频识别技术发挥作用的重要场景。图书馆使用这项技术后，大大提高了图书借还的流通速率，简化了书本出入库的登记流程，使图书馆的运行更加流畅且高效。

目前广泛应用于图书馆的物联网设备除了关于图书流通的一般业务外，一些图书馆还引入了各项便民增值服务，如可以购买现冲咖啡饮品的自助贩卖机，让读者在阅读学习之余享受饮品带来的惬意。还有各色自助文印设备，可以让读者复印下所需的图书内容，打印所需的文件，甚至可以扫描文件直接发送到读者的手机，实现了便民服务。

（三）物联网技术在图书馆的应用实践

随着物联网技术的不断发展和普及，智能设备已经成为人们日常生活中的重要组成部分。特别是智能手机的普及，使得人们对智能设备的便捷操作有了更高的期待。在这种背景下，物联网技术与智能手机的结合，为人们带来了更加便利的生活体验。例如，在图书馆领域，物联网设备已经广泛应用，以提升借阅体验和工作效率。通过智能设备与智能手机的绑定，读者可以轻松地查询图书信息、预约借阅、自助还书等操作，无须依赖传统的人工服务，大大提高了借阅的便利性和效率。

1. 上海图书馆——"图小灵"智能机器人

上海图书馆推出了一款名为"图小灵"的智能机器人，这一创新性举措不仅进一步展现了物联网技术在图书馆领域的应用前景，同时也彰显了智能设备为公共服务提供的新可能。这款智能机器人由"阿法迪"提供技术支持，为读者提供了诸如引路、咨询、还书、查询等多种功能。读者可以通过触摸屏或语音与机器人进行互动，机器人不仅可以巡逻监控图书馆的安全，还能够引导读者找到所需书籍、办理还书手续，并且具备自主充电的功能，大大减轻了图书馆员工的工作负担。通过引入智能机器人，上海图书馆不仅提升了服务水平，也为读者带来了全新的借阅体验，使得图书馆不再是传统意义上"冷冰冰"的场所，而成为一个充满活力和科技感的公共空间。

2. 清华大学图书馆——无人驾驶智能小车

清华大学图书馆于2018年4月迈出了一大步，引入了无人驾驶智能小车，以替代传统的人工完成图书通还任务。这一举措不仅提高了图书通还的效率，还标志着图书馆运用现代科技实现服务的创新。通过智能小车的运用，图书无须再归还至图书馆，而是可以直接由读者间进行借还，这一变革极大地简化了借还流程。而物联网系统的运用更是为此提供了坚实的技术支持，通过准确定位读者，促进了面对面的借还交流。这不仅提升了用户体验，还推动了阅读交流和经验分享的活动，使图书馆不再仅仅是传统的书籍存放场所，更成了知识和信息的交流中心。

3. 厦门市图书馆——人脸识别借还系统

厦门市图书馆也在2018年展示了其对现代科技的充分应用和创新精神。其引入了人脸识别借还系统，为读者提供了更便捷的借还方式，这无疑是图书馆服务水平的一大提升。通过刷脸借还功能，读者不再需要携带实体借书证或记忆复杂的借书号码，只需简单刷脸，即可完成借还操作。更为方便的是，图书馆还支持读者通过微信公众平台和支付宝生活号进行人脸录入，从而实现了在不同平台上的统一借还服务。微信和支付宝双平台的人脸识别系统不仅为图书馆借还服务提供了便利，还为公共图书馆提供了可借鉴的技术模式。这种融合了现代科技和便民服务的创新举措，不仅提高了图书馆的服务效率，还为读者带来了更为智能化、便捷化的借阅体验，进一步推动了数字化时代图书馆的发展。

4. 熊本森林城市中心广场图书馆——地板机器人"花牛"

位于日本的熊本森林城市中心广场图书馆，一项新的技术正在试行，那就是地板机器人"花牛"。这款机器人通过感应器能够感知客人的存在，不仅能够为客人提供向导服务，还可以进行对话，为他们提供所需的信息。最主要的功能之一是运送书籍，这一创新的服务模式在图书馆的体验中起到了重要作用。通过使用"花牛"，图书馆可以减少人际接触，为访客提供更为安全的环境，特别是在像发生疫情等特殊时期。此外，这也减轻了馆员的负担，让他们能够更专注于其他需要人工处理的事务，提升了整体的工作效率和服务质量。

（四）基于物联网技术的智慧图书馆建设系统

1. 电子读书证

智慧图书馆通过引入电子读书证，有效提升了管理效率。传统情况下，读者需要携带实体读者证才能进入图书馆，以便管理员对其进行管理。然而，电子读书证的引入彻底改变了这一情况。这种电子证件包含了读者的个人信息、教育背景、借阅记录以及消费信息等，通过终端设备能够实时监测读者的出入情况以及借还书籍的记录。

对于新用户而言，申请电子读书证也变得更加便捷。他们只需在服务台输入真实信息，便可获得新的电子读书证。验证方式多样化，包括短信、微信和邮件等多种方式，确保信息的准确性和安全性。与此同时，电子读书证还具备移动性，可以拍下来存储在手机等移动设备中，这一特性节省了制卡成本，并且节约了存储空间。

注册过程更是实现了网络化，读者可以在网络平台上填写个人信息，而管理员则可以在线审批，将简要信息发送至终端设备。这种高效的注册与认证过程，大大节省了时间成本，使得图书馆管理人员能够更专注于其他重要工作。电子读书证作为一种便捷的凭证，不仅简化了认证流程，也为读者提供了更加快捷的服务体验。

2. 自助借还系统

自助借还系统作为智慧图书馆管理系统的重要组成部分，其核心技术包括射频识别、网络传输和软件工程。物联网技术的应用使得这些技术得以整合，并被广泛运用于自助借还系统中。常见的技术类型包括条形码识别和无线射频识别，前者成本较低、抗干扰能力强，但需要人工操作，而后者成本较高但管理更为便捷。综合使用这两种技术能够发挥双重优势。射频识别的引入极大地简化了图书管理流程，显著减轻了图书馆馆员的工作量。读者只需将书籍放在自助借还机器上，并按照提示进行操作，即可完成借还图书的流程。这一智能系统为读者提供了更为舒适、便利、人性化、高质量的服务体验，同时也降低了服务成本。图书馆馆员的工作重心得以转移，从烦琐的图书管理中解放出来，转向更为重要的藏书整理和读者咨询辅导工作，从而提升了图书馆的整体服务水平。射频识别智能图书管理系统的启用标志着传统图书馆向智慧图书馆的转型。

3. 智能书架系统

智慧图书馆的引入标志着图书管理进入了一个全新的智能化阶段，这一系统旨在解放馆员的生产力，同时提高读者的查阅效率。其核心技术是射频识别技术，这项技术被应用于建立射频库存系统。具体来说，射频码被安装于每个书架和藏书上，利用终端设备的读写功能来获取图书信息和位置。这样一来，馆员能够轻松地找到和确认书籍的位置，从而提高了整理图书的效率，解决了书籍摆放混乱的问题。

智能书架系统主要分为信息采集、数据服务和读者服务三个模块，其中包括借书和还书环节。书架的侧面配备了触摸屏，为读者提供了方便的查询功能，同时还设置了感应屏，指引还书者操作。读者可以通过触摸屏输入书目信息，从而获取3D路线导向图，以快速找到所需图书。为了进一步提高归还图书的效率，图书的背面贴有电子标签，标明了书籍的位置，便于读者进行归还操作。另外，书库内还可以安置射频读写机器，当读者刷书背面的电子标签时，书架侧面的感应屏会闪烁并显示出书名信息，从而帮助读者快速找到还书位置。整个系统的设计，不仅为图书馆的管理提供了高效的解决方案，同时也极大地提升了读者的体验。

4. 用户行为分析

通过分析用户的行为数据，智慧图书馆能够更好地了解读者的阅读需求，从而提供个性化的服务。物联网技术也在智慧图书馆的建设中发挥着关键作用，它使得智能借还系统和智能书架系统成为可能。这些系统不仅能够提高图书馆的管理效能，使借还书的流程更加便捷高效，而且还能够提升服务效能，使得读者能够更快速地找到自己需要的书籍。

（五）基于物联网技术的智慧图书馆发展

1. 严格把控成本，落实目标

在当今信息化时代，智慧图书馆的建设已经成为图书馆现代化转型的重要一环。在这个过程中，严格把控成本是至关重要的一项考虑。首先，对于物联网技术的应用而言，图书馆必须深入思考成本投入的方方面面。从设备采购到网络系统搭建，再到运维保障，每一项都需要经过精确的成本核算。这不仅仅是为了保障项目的顺利进行，更是为了确保资源的合理配置，以及最终服务效果的最大化。图书馆作为一个公共服务机构，其财政来源相对有限，因此必须谨慎斟酌每一笔开支，避免因为不必要的投入而导致资源的浪费。

2. 务实创新，有效解决问题

智慧图书馆的建设目标应该是务实创新，有效解决问题。这就意味着不仅要关注技术的前沿，更要将其应用于解决实际存在的问题。在当前社会，人们对于图书馆的需求不仅仅是获取信息，更是希望能够通过图书馆的服务得到更多的便利和温暖。因此，在智慧图书馆的建设中，提升服务效率是至关重要的一项目标。通过科技手段简化服务流程，不仅可以减轻工作人员的负担，而且可以提高服务的效率和质量。例如，利用自助借还设备、智能导航系统等技术，可以让读者更加便捷地获取所需信息，提升他们的使用体验。但是，与此同时，图书馆也必须兼顾科技发展与用户需求之间的平衡。即便是推进技术创新，也不能忽视传统服务方式的重要性。因为在某些情况下，传统的服务方式可能更能贴近用户的需求，更能体现出图书馆的温暖与人性化。

3. 适应环境变化，保障安全

图书馆作为知识传承和文化交流的重要场所，其发展必须以读者安全为首要考量，包括健康和隐私安全。随着大数据时代的到来，物联网中存储了大量用户信息，传统图书馆如办证、注册、微信扫码等活动也涉及个人信息，智慧图书馆更加增加了个人信息的使用场景。因此，图书馆需加强隐私保护措施，预防信息泄露，提供安全的阅读体验。在这一背景下，图书馆管理者应该采取一系列措施来保障读者安全。首先，建立完善的信息安全管理体系，包括加密传输、安全存储和权限控制等措施，确保用户信息不被恶意获取和利用。其次，加强员工培训，提高其信息安全意识，加强对个人信息保护的责任意识。同时，规范各项操作流程，明确个人信息的收集、使用和处理规定，确保在符合法律法规的前提下保护读者隐私。通过这些措施的实施，可以有效提升图书馆的安全性，为读者提供一个安心的阅读环境。

总之，智慧图书馆的建设需要打破保守观念，追求创新发展，包括科技、服务、制度的创新，以提升读者阅读体验，促进国家精神文化发展。物联网技术的发展为智慧图书馆提供了技术支持，未来更多高新技术的应用将为其带来更多生机。在智慧图书馆建设中，创新是推动发展的核心动力。首先，可以通过引入先进的智能设备，如智能书架、智能借还书系统等，提升图书借阅效率，提高读者满意度。其次，可以利用大数据技术分析读者的阅读偏好和借阅习惯，为图书馆提供个性化的服务，满足不同读者的需求。此外，还可以通过虚拟现实、增强现实等技术打造沉浸式的阅读体验，吸引更多读者参与到阅读活动中来。同时，在智慧图书馆建设中，也需要加强相关制度的创新，如加强知识产权保护，完善图书馆服务体系等，以保障其长期可持续发展。

二、大数据技术与智慧图书馆建设

随着互联网的飞速发展，在科技信息迅速发展的新时期，智能技术在日常生活工作中变得越来越普遍，智慧图书馆也逐渐走进人们的生活，为社会大众所认可。智慧图书馆已经成为图书馆学术界一个热点，在大数据时代下，大数据普及应用对图书馆网站建设带来的新挑战。因此，图书馆工作人员要对大数据时代的智慧图书馆的管理以及维护进行思考，制定出具有前瞻性的发展战略和方法，加速实现中国智慧图书馆的建设步伐。

（一）大数据时代的发展背景

人类社会信息科技的发展为大数据时代的到来提供了技术支撑，而数据产生方式的变革是促进大数据时代到来至关重要的因素。

1. 信息科技提供技术

信息科技需要解决信息存储、信息传输和信息处理三个核心问题，人类社会在信息科技领域的不断进步，为大数据时代的到来提供了技术支撑。

（1）存储设备容量不断增加。数据被存储在磁盘、磁带、光盘、闪存等各种类型的存储介质中，随着科学技术的不断进步，存储设备的制造工艺不断升级，容量大幅增加，速度不断提升，价格却在不断下降。早期的存储设备容量小、价格高、体积大，而高性能的硬盘存储设备，不仅提供了海量的存储空间，同时大大降低了数据存储成本。

与此同时，以闪存为代表的新型存储介质也开始得到大规模的普及和应用。闪存是一种新兴的半导体存储器，逐渐在计算机存储产品市场中确立了自己的重要地位。闪存是一种非易失性存储器，即使发生断电也不会丢失数据，因此可以作为永久性存储设备，它具有体积小、质量轻、能耗低、抗震性好等优良特性。闪存芯片可以被封装制作成卡、盘和固态盘等各种存储产品，卡和盘主要用于个人数据存储，固态盘则越来越多地应用于企业级数据存储。

总体而言，数据量和存储设备容量二者之间是相辅相成、互相促进的。一方面，随着数据的不断产生，需要存储的数据量不断增加，对存储设备的容量提出了更高的要求，促使存储设备生产商制造更大容量的产品来满足市场需求；另一方面，更大容量的存储设备进一步加快了数据量增长的速度，在存储设备价格高企的年代，由于考虑到成本问题，一些不必要或当前不能明显体现价值的数据往往会被丢弃。但是，随着单位存储空间价格的不断降低，人们开始倾向于把更多的数据保存起来，以期在未来某个时刻可以用更先进的数据分析工具从中挖掘价值。

（2）处理能力大幅提升。处理速度的不断提升也是促使数据量不断增加的重要因素。性能不断提升，大大提高了处理数据的能力，使得人们可以更快地处理不断累积的海量数据。从20世纪80年代至今，科学的制造工艺不断提升，晶体管数量不断增加，运行频率不断提高，核心数量逐渐增多，而同等价格所能获得的处理能力也呈几何级数上升。

（3）网络带宽不断增加。1977年，世界上第一条光纤通信系统在美国芝加哥市投入商用，从此人类社会的信息传输速度不断被刷新。进入21世纪，世界各国更是纷纷加大宽带网络建设力度，不断扩大网络覆盖范围和传输速度。与此同时，移动通信宽带网络迅速发展，网络基本普及，网络覆盖范围不断扩大，各种终端设备可以随时随地传输数据。大数据时代，信息传输不再遭遇网络发展初期的瓶颈和制约。

2. 数据产生方式的变革

数据是人们通过观察、实验或计算得出的结果。数据和信息是两个不同的概念。信息是较为宏观的概念，它由数据的有序排列组合而成，传达给读者某个概念方法等；数据是构成信息的基本单位，数据有很多种，比如数字、文字、图像和声音等。随着人类社会信息化进程的加快，在日常生产和生活中每天都会产生大量的数据，比如商业网站、政务系统、零售系统、办公系统、自动化生产系统等，每时每刻都在不断产生数据。

数据已经渗透到当今每一个行业和业务职能领域，成为重要的生产因素，从创新到所有决策，数据推动着企业的发展，并使得各级组织的运营更为高效，可以这样说，数据将成为每个企业获取核心竞争力的关键要素。数据资源已经和物质资源、人力资源一样成为国家的重要战略资源，影响着国家和社会的安全、稳定与发展，因此，数据也被称为"未来的石油"。

数据产生方式的变革，是促成大数据时代来临的重要因素。总体而言，人类社会的数据产生方式大致经历了三个阶段：运营式系统阶段、用户原创内容阶段和感知式系统阶段。

（1）运营式系统阶段。人类社会最早大规模管理和使用数据，是从数据库的诞生开始的。大型零售超市销售系统、银行交易系统、股市交易系统、医院医疗系统、企业客户管理系统等大量运营式系统，都是建立在数据库的基础之上的，数据库中保存了大量结构化的企业关键信息，用来满足企业各种业务需求。在这个阶段，数据的产生方式是被动的，只有当实际的企业业务发生时，才会产生新的纪录并存入数据库。

（2）用户原创内容阶段。大量上网用户本身就是内容的生成者，尤其是随着移动互联网和智能手机终端的普及，人们更是可以随时随地使用手机发微博、传照片，数据量开始急剧增加。

（3）感知式系统阶段。物联网的发展最终导致了人类社会数据量的第三次跃升。物联网中包含大量传感器，如温度传感器、湿度传感器、压力传感器、位移传感器、光电传感器等，此外，视频监控摄像头也是物联网的重要组成部分。物联网中的这些设备，每时每刻都在自动产生大量数据，物联网中自动产生数据的方式，将在短时间内生成更密集、量更大的数据，使得人类社会迅速步入"大数据时代"。

（二）大数据时代的内涵特征

随着大数据时代的到来，"大数据"已经成为互联网信息技术行业的流行词汇。关于"什么是大数据"这个问题，大家比较认可关于大数据的"4V"说法。大数据的4个"V"，或者说是大数据的4个特点，包含4个层面：数据量大（Volume），数据类型繁多（Variety），处理速度快（Velocity）和价值密度低（Value）。

1. 数据量大

人类进入信息社会以后，数据以自然方式增长，其产生不以人的意志为转移。随着Web2.0和移动互联网的快速发展，人们已经可以随时随地、随心所欲地发布包括博客、微博、微信等在内的各种信息。以后，随着物联网的推广和普及，各种传感器和摄像头将遍布人们工作和生活的各个角落，这些设备每时每刻都在自动产生大量数据。

综上所述，人类社会正经历第二次"数据爆炸"（如果把印刷在纸上的文字和图形也看作数据的话，那么人类历史上第一次"数据爆炸"发生在发明造纸术和印刷术的时期）。各种数据产生速度之快，产生数量之大，已经远远超出人类可以控制的范围，"数据爆炸"成为大数据时代的鲜明特征。

2. 数据类型繁多

大数据的数据来源众多，科学研究、企业应用和Web应用等都在源源不断地生成新的数据。生物大数据、交通大数据、医疗大数据、电信大数据、电力大数据、金融大数据等都呈现出"井喷式"增长，所涉及的数量十分巨大，已经从TB（terabyte，太字节）级别跃升到PB（petabyte，拍字节）级别。

大数据的数据类型丰富，包括结构化数据和非结构化数据，其中，前者占10%左右，主要是指存储在关系数据库中的数据；后者占90%左右，种类繁多，主要包括邮件、音频、视频、微信、微博、位置信息、链接信息、手机呼叫信息、网络日志等。

如此类型繁多的异构数据，对数据处理和分析技术提出了新的挑战，也带来了新的机遇。传统数据主要存储在关系数据库中，但是，在类似Web2.0等应用领域中，越来越多的数据开始被存储在非关系型数据库（NotOnly SQL，NoSQL）中，这就必然要求在集成的过程中进行数据转换，而这种转换的过程是非常复杂和难以管理的。传统的联机分析处理（On-Line Analytical Processing，OLAP）和商务智能工具大都面向结构化数据，而在大数据时代，用户友好的、支持非结构化数据分析的商业软件也将迎来广阔的市场空间。

3. 处理速度快

大数据时代的很多应用都需要基于快速生成的数据给出实时分析结果，用于指导生产和生活实践。因此，数据处理和分析的速度通常要达到秒级响应，这一点和传统的数据挖掘技术有着本质的不同，后者通常不要求给出实时分析结果。

为了实现快速分析海量数据的目的，新兴的大数据分析技术通常采用集群处理和独特的内部设计。以谷歌公司的Dremel为例，它是一种可扩展的、交互式的实时查询系统，用于只读嵌套数据的分析，通过结合多级树状执行过程和列式数据结构，它能做到几秒内完成对万亿张表的聚合查询，系统可以扩展到成千上万的中央处理器（CPU）上，满足谷歌上万用户操作PB级别数据的需求，并且可以在2~3s内完成PB级别数据的查询。

4. 价值密度低

大数据的价值密度通常被认为低于传统数据库，这是因为有价值的信息往往分散在海量数据之中。以监控视频为例，这些数据仅在发生意外事件时才具有价值。虽然这些视频可能包含关键信息，但是在大多数情况下，它们只是占据了存储空间而没有直接带来价值。为了获取这些宝贵的视频，企业需要投入大量资金用于购买监控设备以及存储空间，这进一步增加了成本。同样地，电商网站若要利用微博数据进行有针对性的营销，也需要建立起大数据平台。然而，这样的平台建设成本十分高昂，可能会超过最终微博数据带来的销售利润。在建立这样的平台时，企业需要考虑数据的质量、处理速度以及隐私保护等方面的问题，这些因素都会增加项目的复杂度和成本。虽然大数据在潜在的信息价值方面具有巨大潜力，但实现这种价值往往需要耗费巨大的资源，并且在投入与回报之间存在不小的不平衡性。因此，企业在决定是否投入大数据项目时必须进行深入的成本效益分析，以确保其投资能够切实带来可持续的商业利益。

（三）大数据与传统数据的区别

大数据是在传统数据库学科分支的基础上进一步发展起来的，但两者在数据存储、数据分析、数据处理规模上都有所不同。下面从数据思维、数据处理以及数据分析三方面来介绍两者的不同。

1. 数据思维的不同

大数据思维与传统数据思维有着很大的差别。传统的数据思维针对一个问题往往是命题假设型的，并通过演绎推理来证明自己的假设是否正确。这种思维方式一般要预先设定好主题，通过建立数据模型和元数据来描述问题。同时，需要理顺逻辑，理解因果关系，并设计算法来得出接近现实的结论。而大数据思维在定义问题时，没有预制的假设，而是使用归纳推理的方法，从部分到整体地进行观察描述，通过问题存在的环境观察和解释现象，从而起到预测效果。

2. 数据处理的不同

传统的数据处理主要以面向结构化数据和事务处理的关系型数据库为主，通过定向的批处理过程长时间地对数据进行提取、转换和加载等，处理后的数据是容易理解的、清洗过的，并符合业务的元数据。而大数据处理技术具备结构化、半结构化和非结构化数据混合处理的能力，主要针对半结构化和非结构化数据。这意味着不能保证输入的数据是完整的、清洗过的和没有任何错误的。这使大数据处理技术更有挑战性，但同时它提供了在数据中获得更多的洞察力的范围。

3. 数据分析的不同

传统的数据分析通过数据抽样并不断改进抽样的方式来提高样本的精确性，它往往关注的是"为什么"的因果关系，分析算法比较复杂，通常用多个变量的方程来追求数据之间的精确关系。而大数据的分析对象是全体数据，它往往关注的是"是什么"的相关性关系，从海量数据中分析出人类不易感知的关联性，通常用简单的算法实现规律性的分析。

（四）大数据时代智慧图书馆建设的不足

1. 资源及技术不充足

所谓智慧图书馆，是基于大数据技术及计算机网络、相关硬件设备设施基础上形成的融合产业。因此，在实际建设与发展进程中需要大量资源和技术作为支撑，只有这样才能够真正实现图书馆资源的有效整合与利用。但是，就当前我国智慧图书馆建设现状分析，其存在较为明显的建设资源及技术不足的问题，导致这一问题出现的原因可以从三个层面分析：第一，部分图书馆在智慧化建设过程中，更多地将建设重点放在强化数据信息数量上，而忽视了数据信息的质量；第二，智慧图书馆建设需要依托多样化的信息技术，但当前多数图书馆在建设中仍然存在建设技术单一刻板的问题，导致智慧化图书馆"不智慧"的问题，仅是将传统图书馆管理模式转变为数字化，实际工作内容仍然局限在文献资料服务上。此外，也未能利用大数据技术对受众的信息需求、兴趣爱好等进行分析，极大地制约了智慧图书馆的效用发挥与建设进程。第三，虽然当前智慧图书馆建设中融入了大数据技术，但图书馆在数据信息价值挖掘、储存与调取功能优化等层面，并未发挥好大数据技术的优势，降低了智慧化图书馆的管理效果与文化服务质量。

2. 重视度不够

智慧图书馆与传统图书馆有着本质上的区别，是一种全新的、数字化图书管理模式。但是，由于现阶段我国智慧化图书馆的建设较晚，存在对智慧图书馆认识不足的问题，对智慧图书馆的理论研究较为匮乏。首先，当前仍然有很多图书管理部门认为智慧图书馆仅是使用计算机进行图书管理工作，只是改变了图书管理的工作形式，在本质上仍未发生改变。这一认知存在一定偏颇，导致智慧图书馆建设出现盲目性、滞后性等问题，具体的建设活动缺乏明确方向和指导，极大地降低了智慧图书馆的效用发挥；其次，在智慧图书馆建设进程中，相关部门未能充分认识智慧图书馆的系统性和集成性特点，导致智慧图书馆的数据信息挖掘、分析、利用水平较低，影响智慧图书馆的建设效率与质量。

3. 信息安全问题突出

信息安全问题是现阶段我国智慧图书馆在建设中最为显著的问题，也是需要相关部门高度重视的问题。大数据时代，智慧图书馆不仅包含海量的信息资料，还包含用户的个人信息、图书馆的运行与管理资料等。当前，随着信息技术的快速发展与应用，网络环境也越来越复杂，其中不乏网络黑客、网络病毒等。如果图书管理部门在智慧图书馆建设中不做好安全防护工作，那么，将会加剧数据信息被泄露、被篡改和丢失等风险，进而影响智慧图书馆的正常运行与可持续发展。第一，就当前我国智慧图书馆的建设情况分析，其存在安全管理体系不健全的问题；第二，就现阶段智慧图书馆建设与管理层级分析，存在网络安全管理制度不健全、网络安全管理工作效率低等问题；第三，在网络安全技术应用层面，现阶段智慧图书馆建设存在数据信息备份技术、数据密钥技术应用不到位等问题。

4. 基础保障不足

基础保障不足也是影响智慧图书馆建设与发展的重要制约因素。

首先，在智慧图书馆建设过程中，图书管理人员仍然使用传统图书馆管理模式开展工作，导致智慧图书馆的管理与服务工作缺乏创新性，降低了智慧图书馆的文化服务质量。

其次，现阶段的智慧图书馆还存在着工作人员业务素养较低的问题。一方面，图书管理部门更多地将建设重点放置于信息化建设、大数据技术应用等方面，忽视了工作人员对智慧图书馆建设的意义，没有在实际工作中结合智慧图书馆的建设需求对工作人员开展专业培训，导致工作人员无法适应智慧图书馆的建设与发展需求。另一方面，部分工作人员长期受到传统图书馆管理模式的影响，对智慧图书馆的接受程度不高，学习积极性较差，限制了智慧图书馆的持续发展。

最后，在建设智慧图书馆的进程中还存在对计算机软件、硬件设备设施等未能及时更新的问题。此外，由于部分图书馆受到经济限制，其软件及硬件设备设施存在建设不足问题，在一定程度上制约着智慧图书馆的建设效率。

（五）基于大数据时代智慧图书馆的建设策略

1. 加大资源及技术投入力度

在大数据时代背景下，社会大众对智慧图书馆提出更高的要求及需求。现阶段建设智慧图书馆的首要任务，是深刻把握好智慧图书馆与传统图书馆之间的异同，加大资源及技术投入力度。首先，智慧图书馆管理人员在利用智慧图书馆进行数据信息收集与整理的过程中，不仅应该注重数据信息收集的全面性，还应该保障数据信息的质量；其次，面对社会大众日益增长的多元化信息需求，在建设智慧图书馆的进程中，需要注重拓宽数据信息的类型与涉及领域。同时，需要分析受众的信息需求，以强化智慧图书馆的建设效率与服务质量。一是相关管理部门应该积极利用大数据技术构建完备的智慧图书馆管理平台，平台不仅应该包含数据信息储存系统、下载与共享功能等，还应该设置工作层、管理层和服务层，为满足不同受众的信息需求奠定基础；二是在做好智慧图书馆基础布局后，需要注重数据及运营风险防范管理。分析整个智慧图书馆的数据信息、用户行为等，以保障智慧图书馆安全稳定地运行；三是技术部门应该注重人工智能技术在智慧图书馆中的有效应用，完善信息检索与推送功能，以更好地提升智慧图书馆服务质量。

随着大数据时代的到来，智慧图书馆作为信息资源的重要载体，受到了社会大众更高层次的关注和需求。在这一时代背景下，智慧图书馆与传统图书馆有着显著的差异，不仅仅是体现在信息资源的形式和获取方式上，更在于其服务范围和技术手段上的创新与发展。因此，建设智慧图书馆必须深化对这些差异的理解，并相应地调整资源配置和技术支持，以满足社会大众的需求。

为了确保智慧图书馆能够有效运作并持续发展，管理人员需要重视数据信息的全面性和质量保障。这意味着不仅要加大对信息资源的收集和整理力度，还要提高数据的准确性和可信度。同时，也需要不断拓宽数据信息的类型与涉及领域，以适应社会多元化的信息需求，包括但不限于文本、图片、视频等形式的信息资源。

另外，相关管理部门应构建完备的智慧图书馆管理平台，以提高运营效率和服务质量。这个平台应该包括储存系统、下载与共享功能等基础设施，并设置相应的工作、管理和服务层，以满足不同受众的需求。这样一来，用户可以更便捷地获取所需信息，管理人员也能够更有效地进行资源管理和服务提供。

此外，智慧图书馆的建设还需要注重数据及运营风险的防范管理。随着信息技术的不断发展，网络安全、数据泄露等问题也日益凸显，因此需要采取相应的措施来保护用户的个人信息和知识产权。同时，利用人工智能技术完善信息检索与推送功能，可以更好地满足用户个性化的信息需求，提升服务质量和用户体验。

2. 提高重视度

智慧图书馆作为信息时代图书馆的重要发展形态之一，其建设与运营面临诸多挑战与机遇。为确保智慧图书馆的运营安全性、稳定性和规范性，加强理论研究并提出理论指导至关重要。

第一，国家应提高对智慧图书馆建设的认识与重视度。国家级支持是推动智慧图书馆建设的重要保障，因此，国家应加大对智慧图书馆建设的政策支持力度，同时加大对智慧图书馆的推广与宣传力度，引导各地传统图书馆积极参与建设，深化公众对智慧图书馆的认识和理解。

第二，图书馆管理部门应以现行智慧图书馆的运行模式和问题为重点，建设适宜的智慧图书馆及运营服务体系。这意味着需要充分考虑受众文化服务需求，灵活运用先进的信息技术手段，打造具有较高智能化水平的智慧图书馆，并建立完善的运营服务体系，以更好地满足用户需求。

第三，理论研究应充分考虑智慧图书馆的集成性、系统化特点，并强化智能化。智慧图书馆作为信息化时代的产物，其建设与发展必须立足于智能化技术的应用与创新。因此，理论研究应当充分考虑智慧图书馆的集成性和系统化特点，强化智能化技术在图书馆管理与服务中的应用，以提升运营效率与文化服务质量。

第四，未来智慧图书馆发展的方向是智慧化、数字化。图书馆管理部门应注重知识与信息技术整合，促使其向智能化、绿色方向转型。这意味着需要在智慧图书馆建设中充分发挥信息技术的优势，不断提升图书馆的数字化水平，实现智慧图书馆的可持续发展。

3. 完善图书馆网络信息安全建设

智慧图书馆作为信息时代的重要产物，其建设依赖于互联网络。近年来，随着中国信息技术的不断发展，智慧图书馆建设规模不断扩大。然而，传统的运营模式存在着网络安全漏洞，这不仅会影响到文化服务质量，还可能会影响到智慧图书馆运营的可持续性。

在大数据时代，管理部门应当加强对网络信息安全的建设与管理，优化系统设施，以应对不断增长的网络安全挑战。为此，政府应建立智慧图书馆网络安全的法律法规，给予法律保障。同时，相关部门应建设网络系统安全防护网，实时监测外网环境，及时警报非法攻击和病毒入侵。技术人员在智慧图书馆的运营中扮演着关键角色。他们应设定访问权限、加密数据信息分享，以保护信息安全，确保图书馆系统不受到未经授权的访问或数据泄露的威胁。此外，为了提升智慧图书馆的网络安全水平，管理部门还应定期开展网络信息安全隐患排查，及时发现并解决问题。只有在为智慧图书馆建设与运营提供良好的网络环境的基础上，才能确保其长期稳定地为社会提供优质的文化服务。

4. 加强基础保障

图书馆的发展与运营离不开专业人才的培养与引进。首先，管理层需要注重培养工作人员的专业能力与综合素养。这可以通过综合评定、专业培训等方式实现。综合评定可以帮助管理层了解员工的实际能力和潜力，从而有针对性地开展培训和提升工作效率。专业培训则可以针对图书馆工作的具体需求，培养员工的专业技能，提升其服务质量和管理水平。这样一来，工作人员的专业素养得以提升，管理效率和应用成效也会相应地提高，从而推动图书馆的持续发展。其次，创新性工作思维与人际交往能力的培养也至关重要。图书馆作为一个服务机构，需要不断创新来适应社会的变化和读者的需求。因此，管理层应注重培养工作人员的创新性思维和解决问题的能力。同时，人际交往能力也是图书馆工作人员必备的素质，他们需要与读者、合作伙伴以及同事进行良好的沟通与合作，以更好地完成工作任务。除此之外，职业素养的培养也是必不可少的，这包括对职业道德的培养和对工作责任的认识，确保工作人员的能力和发展方向与图书馆的发展方向相契合，从而更好地推动图书馆事业的发展。

在人才引进方面，图书馆可以通过完善福利待遇、校企合作、社会招聘等方式吸纳高素质人才参与建设，加强队伍建设，提高建设质量与效率。通过提供具有竞争力的薪酬福利和良好的工作环境，可以吸引更多的优秀人才加入图书馆的建设和发展。同时，与学校、企业等机构的合作，可以为图书馆引进更多的专业人才提供渠道和平台，促进人才的交流和共享，提升整体的人才素质和团队凝聚力。此外，通过社会招聘，可以吸引来自不同领域、不同背景的人才，为图书馆注入新的活力和创意，促进图书馆事业的蓬勃发展。

除了人才的培养与引进，图书馆的建设与运营还需要足够的资金投入和设施维护。管理层需要加大资金投入，不断更新和维护软硬件设施，为图书馆的建设与运行创造良好的条件，提升文化服务的质量和水平。只有保障了设施的完善和维护，图书馆才能更好地为读者提供便利和舒适的阅读环境，满足其日益增长的阅读需求。

外界支持与宣传也是图书馆发展的重要保障。管理层可以利用网络宣传手段，充分展示智慧图书馆的优势和必要性，吸引更多的读者和关注者，推动图书馆的建设与发展。同时，积极与社会各界建立联系与合作，争取更多的资源和支持，共同推动图书馆事业的发展。通过这些方式，图书馆可以实现长远的发展目标，为社会文化的繁荣做出更大的贡献。

三、人工智能技术与智慧图书馆建设

随着信息技术的不断发展，我国在人工智能领域取得了一定的研究成果，并且已经开始将人工智能技术应用于社会生产与生活的各个方面。而智慧图书馆则是当前较为新型的图书馆管理方式，与传统的图书馆管理方式存在着较大的差异，能够更好地满足人们对图书借阅等的需求。

（一）人工智能的概念及核心能力

虽然人工智能技术在近几年取得了高速的发展，但要给人工智能下个准确的定义并不容易。一般认为"人工智能是研究、开发用于模拟、延伸和扩展人的智能的理论、方法、技术及应用系统的一门新的技术科学。人们希望通过对人工智能的研究，能将它用于模拟和扩展人的智能，辅助甚至代替人们实现多种功能，包括识别、认知、分析、决策等"。[①]

人工智能的目标是能够胜任一些通常需要人工智能才能完成的复杂工作，帮助人类以更高效的方式进行思考与决策，其核心能力体现在以下三个层面：

一是计算智能。机器可以拥有超级的记忆能力和超级快速的运算能力，在

---

① 王璐欢，开伟. 人工智能与机器人技术应用初级教程（e.Do 教育机器人）[M]. 哈尔滨：哈尔滨工业大学出版社，2020：3.

庞大的数据中进行深度学习和知识积累，在以往的经验中得到感悟，并应用于当前环境。例如，"阿尔法狗"利用增强学习技术，借助价值网络与策略网络这两种深度神经网络，完胜世界围棋冠军。

二是感知智能。使机器具备视觉、听觉、触觉等感知能力，将前端非结构化数据进行结构化，并以人类的沟通方式与用户进行互动。例如，谷歌的无人驾驶汽车通过各种传感器对周围环境进行处理，从而有效地对障碍物、汽车或骑行者做出迅速避让。

三是认知智能。使系统或是机器像人类大脑一样"能理解，会思考"，通过生成假设技术，实现以多种方式推理和预测结果。

不过，对人工智能的现有能力不宜过分夸大，人工智能也不能视同是对人脑的"模拟"，因为人脑的工作机制至今还是个黑箱，无法模拟。阿尔法狗战胜柯洁，源自机器庞大而高速的计算能力，通过统计抽样模拟棋手每一桌下法的可能性，从而找到制胜的招数，并不是真的学会了模拟人类大脑来思考。尽管人类在计算能力方面被人工智能远远抛在后面，但当前的人工智能系统仍然远不具有人类拥有的看似一般的智能。人类级别的人工智能，即"强人工智能"或"通用人工智能"目前更不存在。

（二）人工智能在智慧图书馆中的应用实践

1. 改变了图书馆的传统管理模式

（1）在图书管理过程中应用人工智能技术。在图书管理过程中应用人工智能技术的关键点主要包括身份识别、导读服务和自助归还。第一，身份识别是智能图书馆的核心功能之一，它能够通过身份证或人脸识别等技术对读者进行有效识别。这种身份识别技术不仅可以快速准确地确认读者的身份，还可以确保借阅记录的准确性，从而提高了图书馆借阅管理的效率和精确性。第二，导读服务是智能图书馆提供的另一项重要服务。通过读者的登记信息，智能系统能够为读者提供相关书籍的位置指引，使读者能够更快地找到所需图书，进而提高了借阅效率，同时也降低了读者的搜索成本。第三，自助归还是智能图书馆的一项便利功能，读者可以借助智能系统进行书籍的自助归还，不仅节约了人力成本，也提高了借阅效率，让借书与还书更加便捷快速。

（2）在图书资源分类与保护中应用人工智能技术。在图书资源分类与保护中应用人工智能技术的关键点包括自动编号与信息录入、高效分类与低错误率以及提升安全性。第一，自动编号与信息录入是智能图书馆系统的首要任务之一。工作人员将图书编号录入智能系统，系统利用大数据分析进行图书资源的分类管理，大大提高了图书馆的工作效率。第二，智能图书馆系统具有高效率的分类能力，减少了分类错误率，从而节省了人力开支。通过人工智能技术，系统可以迅速准确地对图书进行分类，使图书馆的资源分类更加科学合理，提高了资源利用率。第三，为了保护图书资源，智能图书馆采用了人脸识别等智能核验技术，提升了图书馆资源管理的安全性。这些技术可以有效防止未授权人员访问图书资源，保障了图书馆资源的安全性和完整性，为读者提供了一个安全可靠的借阅环境。

2. 改变了图书馆与借阅者的交互模式

（1）智慧图书馆不受时间与空间的限制。传统图书馆的借阅服务通常需要读者与图书馆管理员直接交流，这一方式存在一定的限制，阻碍了读者的自主性。随着科技的进步，智慧图书馆的出现改变了这一局面。

首先，智慧图书馆通过提供便捷的线上服务，包括手机客户端操作、图书预约、书籍查询等功能，极大地方便了读者。通过智慧图书馆，读者不再受制于传统图书馆的开放时间和地点，能够轻松完成借阅流程，提高借阅效率。在智慧图书馆中，读者可以避免找不到座位的情况，快速找到想要借阅的书籍，节省了大量时间。通过智慧图书馆提供的实时座位查询功能，读者可以提前规划自己的学习时间，避免因座位不足而耽误学习进度。此外，智慧图书馆还提供了强大的搜索引擎，使读者可以迅速找到所需的书籍，并了解书籍的详细信息，从而更快地完成借阅流程，提高了阅读效率。除此之外，智慧图书馆能够记录和更新读者的行为，如阅读时间、借阅记录等。这些数据的记录和分析有助于图书馆了解读者的阅读偏好和习惯，进而调整图书采购和布局，提供更符合读者需求的服务。同时，这也有助于规范读者的阅读行为，鼓励他们形成良好的阅读习惯，如合理安排阅读时间、积极借阅多样化的书籍等。

其次，智慧图书馆在提供便捷的线上服务的同时，还拥有出色的互动性和社交功能。通过智慧图书馆平台，读者可以轻松地与其他书友互动和分享阅读体验。这一功能不仅能够让读者感受到更多的阅读乐趣，还能够促进知识交流和友谊的建立。与此同时，智慧图书馆还提供了丰富的在线讨论和读书俱乐部等社交活动，使读者能够参与各种有趣的文化活动，扩展自己的社交圈子。此外，智慧图书馆还为读者提供了强大的搜索和推荐功能。通过智能搜索引擎，读者可以轻松地找到他们感兴趣的书籍，甚至可以根据个人阅读历史和兴趣领域获得个性化的图书推荐。这一功能使读者能够更加高效地发现新的阅读材料，拓宽自己的知识领域。

（2）智慧图书馆可实现定制推送服务。智慧图书馆作为传统图书馆的升级版，其特色服务主要体现在专业的定制推送服务上。这一特色的实现离不开高新科技的应用，尤其是人工智能技术等先进技术的运用。通过这些技术，智慧图书馆能够有效地分析读者的行为，包括借阅记录等，从而更好地理解其阅读偏好。在智能图书馆中，借阅记录能够实时同步，系统会对读者的阅读行为进行分析，提炼出读者的偏好情况。基于这些分析结果，智慧图书馆可以利用大数据技术检索出读者可能感兴趣的其他书籍，并通过定制化推送服务向读者推送相关内容。这些服务的提供建立在大数据分析与采集的基础之上，确保了推送的准确性和个性化。读者也可以在智慧图书馆中自主调整推送服务，以满足其个性化需求。例如，他们可以选择文字推送方式，以便更快地获取信息。此外，读者还可以在系统中标记自己偏好的图书种类，从而确保推送的图书更符合其阅读需求。

（三）人工智能在智慧图书馆中的应用反思

智慧图书馆的建设初衷是为读者提供更加科学且高效的服务，使得借阅图书的门槛进一步降低，保证更多人能够在图书馆中进行学习，但在智慧图书馆的实际使用过程中发现存在以下问题：

1. 读者的信息安全难以得到保障

读者在使用智慧图书馆的过程中，首先需要将个人信息上传到系统，从而保证图书馆能够对读者进行有效的身份识别。同时，读者在图书馆中的一应行为，包括阅读时间、阅读书籍的种类以及借阅时限等信息，也会同步记录在智慧图书馆的系统中，保证智慧图书馆能够对读者进行有效的推送。因此，智慧图书馆的功能实现是基于对读者信息的全面采集。

其次，智慧图书馆不仅应用了人工智能技术，同时也需要通过大数据与计算系统对采集到的读者信息进行全面分析，从而能够实现对读者的有针对性的服务。从整体上而言，当读者通过手机、计算机等电子设备登录智慧图书馆系统时，其个人信息就已经对智慧图书馆进行了全面的开放，如果相关管理者没有遵守法律法规，很有可能会过度采集读者的信息，进而导致读者的个人信息安全受到严重威胁。随着人们对个人信息安全的重视程度不断上升，这已经成为制约智慧图书馆发展的重要原因之一。

2. 读者的阅读面不易拓展

智慧图书馆通过人工智能技术与大数据平台分析，得出对应读者的实际偏好，而后进行更加有针对性的个性化推送。而基于信息技术算法的分析，虽然能够有效地完成上述过程，但同样会导致数据的单一化。智慧图书馆的实际应用算法本身存在着一定的缺点，其底层逻辑是对读者的个人偏好进行分析，从而根据读者偏好进行书籍的推送，这能够在一定程度上保障所推送的书籍是读者所需要的，提升读者的阅读兴趣，也能够进一步增加读者使用智能图书馆的意愿。但智能图书馆所推送的书籍在一定程度上能够影响到读者的阅读选择，无疑也会使得读者很容易阅读大量同种类型的书籍。这不利于读者的自我提升，同时也会影响到智能图书馆进一步发挥其教育功能。

3. 智慧图书馆体系尚未完善

智慧图书馆从体系上而言，包括线上平台与线下图书馆两个组成部分，其在为读者提供服务的过程中，往往也是以线上平台与线下图书馆相结合的方式。读者在利用智慧图书馆进行阅读的过程中，往往习惯于在线上平台进行预约、查询书籍，在线下图书馆开展阅读活动，这也就要求智慧图书馆的建设应当全面化，不仅能够为读者提供优质且便捷的线上服务，而且也能够为读者提供舒适的线下服务，完善线下图书馆各项配套设施的建设。

智慧图书馆虽然已经得到了广大民众的支持，但其起步较晚，而我国绝大部分的智慧图书馆并不是由政府部门来进行建设的。私人建设的智慧图书馆一应设施往往并不符合我国对图书馆设备的需求，这也影响了智慧图书馆的进一步普及。

（四）人工智能在智慧图书馆中的应用突破

智慧图书馆的开发与建设需要进一步应用人工智能技术。

1. 提升人工智能技术的透明性

解决推荐算法同质化问题可以显著改善读者的阅读体验与学习过程。通过增加算法的多样性和个性化设置，智慧图书馆能够更准确地理解读者的兴趣和需求，为其提供更具针对性和多样性的推荐内容，从而丰富了用户的阅读体验。

公开智慧图书馆的计算与分析过程是提高透明度的关键一步。这样一来，读者便能够深入了解推荐结果背后的算法原理和数据分析过程，从而自主评估推荐的可信度和适用性，提高了用户对推荐系统的信任度。

管理者的及时调控算法是确保透明度的持续和完善的关键。通过监测用户反馈和数据分析结果，管理者能够发现并修正推荐算法中的缺陷和偏差，不断提升智慧图书馆的服务质量和用户满意度。

2. 建立完善、统一的智慧管理服务平台

线上服务的推广能够有效降低时间与地域限制，为用户提供更便捷的阅读与学习体验，从而促进了智慧图书馆的用户增长和服务范围拓展。通过合作与交流，不同智慧图书馆之间的资源整合将会更加顺畅，从而建立了更完善的智慧管理平台。这种资源整合不仅能够提高图书馆的资源利用率，还能够为用户提供更丰富和多样的服务内容，进一步提升了智慧图书馆的吸引力和竞争力。提升读者的阅读与学习体验是智慧图书馆服务质量提升的关键目标。通过引入更先进的技术和服务模式，智慧图书馆能够更好地满足用户的个性化需求，提供更贴心和高效的服务，从而不断提升用户的满意度和忠诚度，促进智慧图书馆的长期可持续发展。

3. 有效整合馆藏数字资源

现代图书馆正面临着数字化信息时代的挑战，虽然已经有了诸如Findplus、Summon、维普智图、超星发现等数字资源整合与发现系统，但尚未完全满足读者自由获取信息资源的需求。为了应对这一挑战，图书馆采用了多种资源整合的方式。首先是联机公共目录查询系统（OPAC）的纸质文献和电子文献的关联整合，通过这种方式，读者可以在同一平台上检索到图书馆馆藏的各类文献资源。其次是异构数据库元数据抽取整合，通过对不同数据库中的元数据进行抽取和整合，实现了跨数据库资源的联合检索。另外，还有异构电子资源库接口链接整合，即通过建立不同电子资源库之间的接口链接，实现资源的共享和交流。在这些整合方式中，元数据整合和接口整合被认为是主流。

传统图书馆在数据处理方面往往采用数据采样或抽样的方式，这种方式虽然能够处理数据，但存在着信息不完整、不准确等问题。智慧图书馆数字资源整合则运用人工智能技术，对数字资源进行深度整合，使其更趋于有序化。

这种方式的优势在于，人工智能能够对海量的数据进行自动识别、分类、归纳和推理，从而更准确地理解和利用这些数据，为读者提供更精准、个性化的服务。人工智能技术的应用使得传统图书馆馆藏数字资源的整合、数据处理方式和思维模式发生了根本性变革。

4. 打造全新的智慧图书馆服务模式

差异化和个性化的服务是互联网时代的一个重要特征，图书馆也不例外。这种差异化、个性化的服务需要人工智能技术依托大数据的方式来完成。

（1）图像识别技术：精准识别读者，为读者服务工作提供有效数据支撑。人脸识别技术作为一种生物识别技术，依赖于识别人脸特征信息进行身份认证，其发展已有30多年的历史。通过对人脸图像的采集、处理和比对，该技术已经在各个领域得到广泛应用，如无人超市、刷脸取现的银行等，深刻改变了人们的生活方式。与其他身份验证方式相比，人脸识别技术具有独特的优势，如不需要读者专门配合采集设备，可以在远距离、自然状态下获取人脸图像，因此具有更好的隐蔽性。

在图书馆管理方面，采用人脸识别技术能够有效管理大量到馆读者的身份，从而提升服务效能。相比传统的客流统计系统，人脸识别技术能够准确区分有效读者和一般浏览性读者，解决了传统系统难以区分的问题。通过准确掌握有效读者与一般浏览性读者的比率，图书馆能够在服务中有所侧重，更好地满足读者的需求，进而提升服务效能。

此外，应用人脸识别技术还能极大地方便读者使用电子阅览室等服务设施。例如，在上网服务中，读者可能只需几秒钟进行人脸识别就可以完成登记，无须填写烦琐的登记表格或使用卡片等其他方式，从而节省了时间，提高了使用效率。

（2）射频识别技术：节省读者等候时间，提高工作效率。智慧图书馆的智能化依赖于物联网、智能感知和云计算技术的应用。在这一体系中，射频识别技术作为初级智能设备已经成为图书馆借阅环节的主流技术之一，成功实现了借阅服务的智能化。尤其是随着超高频标签技术的普及，图书馆实现了无人借阅场景，这一技术优势主要体现在价格低廉、识别率高、识别时间短等方面。超高频标签的普及使得借阅过程更加便捷，读者可以在不接触书籍的情况下完成借阅操作，进一步提升了借阅效率。人像识别技术和超高频标签识别系统密切配合，使得借阅过程更加快速。人像识别系统的速度在5秒内完成，而超高频标签则可以在1米以外实现读取和借阅操作，这为读者提供了更加便捷的借阅体验。这些智能化技术已经相当成熟，设备价格也逐渐合理化，使得更多的图书馆能够承担得起并应用这些技术。此外，人工智能门禁系统的出现也进一步增强了智慧图书馆的自动化和智能化程度。该门禁系统能够自动识别读者身份并引导其获取所需资源，极大地方便了读者的使用过程。通过将这些技术有机地结合在一起，智慧图书馆不仅提升了借阅效率，还为读者提供了更加智能、便捷的服务体验。

（3）语音识别技术：实现无障碍服务。在当今无障碍服务的迅速发展中，语音识别技术被广泛认可为一项具有重要意义的创新。其在各个领域的应用，尤其是在图书馆和阅读服务领域，展现出了巨大的潜力。首先，语音作为人类最自然的交流方式之一，为信息传递提供了一种便捷、直观的方式。相较于传统的文字输入，语音输入更符合人们的习惯和心理预期，使得信息传递更加高效和便利。这种自然性也使得语音识别技术特别适用于那些阅读能力有限的人群，比如老年人和阅读障碍者。他们可以通过简单的语音指令，轻松地访问图书馆的资源，实现阅读和学习的愿望。其次，随着数字化阅读服务的普及和推广，对于语音识别技术的需求也日益增长。越来越多的人选择通过数字化平台获取信息和阅读资料，而语音识别技术为这些人提供了更为便捷的途径。例如，中国国家数字图书馆App和上海图书馆App等应用软件，不仅支持文字搜索，还支持语音输入，让用户可以通过简单的语音命令就能快速找到所需的资源。这种便捷性不仅提升了用户体验，也扩大了图书馆的服务范围和覆盖面。

另外，语音识别技术还可以为视障人士和听障人士提供重要的无障碍服务。通过语音朗读和将音频转换为文字的功能，视障人士可以更轻松地获取图书馆的文字资料，实现阅读的愿望。而听障人士则可以通过语音机器人服务与图书馆进行交流，获取所需的信息和服务，无须依赖文字交流。这种无障碍服务的提供，不仅符合现代社会对于包容和共享的需求，也体现了图书馆作为公共文化服务机构的社会责任。

5. 智慧图书馆网络的安全管控

随着人工智能技术的发展和应用，图书馆获取的读者数据日益庞大，而这些数据具有很高的私密性。保护读者隐私和数据安全成了图书馆不可或缺的任务。为此，图书馆采用了一系列先进的网络安全技术和措施，以确保读者数据的安全性和隐私性。其中，基于大数据建立的人工智能信息分析系统起到了关键作用，它可以对读者数据进行精准分析，并为图书馆提供借阅信息和阅读兴趣分析，同时确保读者数据的隐私和安全。此外，图书馆还通过技术屏障来防止非法入侵数据平台，保护数据不被泄露或被他人窃取。这些措施的实施不仅有助于提升图书馆的服务质量和用户体验，也维护了图书馆的声誉和社会形象，为智慧图书馆的可持续发展奠定了坚实的基础。

6. 打造智慧咨询馆员

智慧图书馆是一种新型的图书馆模式，旨在提供个性化、全方位的信息服务，以满足读者的需求和期待。其中，智慧咨询馆员是其重要组成部分，借助人工智能技术，能够更加高效地处理读者的咨询和问题。通过运用新的语义分析技术，智慧图书馆可以更深入地理解读者的需求，从而提供更精准、个性化的服务。传统图书馆所采用的常见问题解答（FAQ）的服务形式，则是智能服务的最早形式之一，为读者提供了便捷的信息检索途径。在线咨询馆员服务则将读者经常提出的问题整理成常见问题解答服务，进一步提高了服务效率。引入智能馆员机器人则是智慧图书馆的一项重要举措，例如辽宁省图书馆引进了服务机器人，并与开放性的云语义平台对接，以提升读者的应用体验。

随着语义分析技术和语义平台技术的不断进步，机器人服务将有进一步拓展的可能性，并有望在未来完全替代馆员完成导引服务。人工智能技术作为智慧图书馆融入网络时代的重要入口工具，将为图书馆带来更多的发展机遇。智慧图书馆应积极拥抱人工智能，将现有智能设备和人工智能技术有效融合，以建设更全面、多元化的智能图书馆服务。尽管智慧图书馆的建设与发展是一项长期而艰巨的任务，但其职能作用和馆员职责并未发生变化，仅改变了服务方式和手段。人工智能技术与图书馆服务的深度结合，将为读者提供更多样化、个性化的信息服务，创造面向未来的智慧图书馆。

综上所述，人工智能技术在图书馆中的广泛应用具有现实意义，不仅解决了传统图书馆在人力、物力上存在的缺陷，保障了读者借阅图书过程中的高效性，为读者提供了更加全面的读书服务，同时也能够有效地整合馆内图书资源，对图书资源进行更为科学且合理的管理，这对于有效发挥图书馆的社会效益与教育功能有着重要的意义。

四、室内定位技术与智慧图书馆建设

公共图书馆近年来呈现规模大型化、功能全面化的趋势，这导致了室内空间结构的复杂化。在这种情况下，读者在寻找书籍时不可避免地需要花费更多的时间。首先，由于图书馆规模增大，书籍分布区域较之前更为广阔，因此读者往往需要花费更多的时间在不同区域进行搜索。其次，由于功能的全面化，图书馆不仅提供传统的书籍借阅服务，还提供了各种新的服务和活动空间，如数字资源区、多媒体展示区等。这也使读者很难在复杂的空间中找到他们感兴趣的服务和活动。另外，室内空间结构复杂化还导致了位置信息的模糊性，读者很难准确地判断自己所在位置以及所需书籍的位置，增加了寻找书籍的困难程度。

（一）室内定位技术简介

面对公共图书馆室内空间结构的复杂化和读者寻找书籍的困难，室内定位技术成为一种解决方案。室内定位技术在近年来得到了广泛的应用，其应用领域涵盖了定位跟踪、路径导航、导览以及行为分析等多个方面。主要的室内定位技术包括Wi-Fi、蓝牙4.0、惯性传感器以及地磁传感器等。这些技术具有成本低、精度高的特点，使得它们在解决公共图书馆室内空间复杂化带来的问题时具有很大的潜力。

1. 主流室内定位技术的特点分析

由于所采用定位技术的差别，定位精度和实施成本等略有不同。表2-1为当前主流室内定位技术的特点分析。①

表2-1 室内定位技术特点分析

技术名称	相对成本	定位精度 /m	优势	劣势
通信基站	低	5～50	普适性强	精度低，依赖基站密度
光跟踪	高	1	抗干扰性强，通信速率高	覆盖范围小
声波	中	1	定位精度高	受温度湿度影响，需要布设基站
蓝牙	低	5～10	易集成	定位跳动，维护量大

---

① 王小宁，马妍.室内定位技术在智慧图书馆建设中的应用探索 [J].图书馆研究与工作，2022（08）：53-58.

续表

技术名称	相对成本	定位精度/m	优势	劣势
Wi-Fi	低	2 ~ 50	普适性强	易受环境干扰，精度低
UWB（超宽带）	高	0.5	定位精度高	覆盖范围小
激光	高	0.3	定位精度高	体积大功耗高，不适于人员定位
惯性导航	低	2 ~ 4	不依赖外部环境	累计误差，不适于长期使用
地球磁场	低	1 ~ 5	不依赖外部环境	受室内结构变动影响
视觉识别	高	0.1 ~ 1	不依赖外部环境	稳定性差

2. 室内定位技术的实现原理

利用算法将蓝牙、惯性导航系统、地球磁场和地图信息融合的定位方法，旨在提供多源信息融合定位。在试验中，静态下的定位精度达到了2米（60％），而在动态下，精度则达到了1.4米（60％）。其核心方案是利用磁场定位，结合行人PDR、蓝牙等多种手段，通过Wi-Fi、4G/5G网络将位置信息传输至服务器端，在服务器上完成位置数据解算，再将位置坐标返回至移动端显示。

用户无须佩戴任何工具或下载App，只需通过微信小程序即可轻松使用。与UWB、Zigbee、5G、Wi-Fi等室内定位技术相比，该方案具有安装维护简单、定位稳定、支持三维定位、施工量少、应用范围广等优势。特别适用于图书馆等室内环境，其中楼层多、空间独立、读者群体特征跨度大、个体流动性不固定。

系统构成包括硬件设施和系统服务两部分。硬件设施主要包括地磁场采集装置、iBeacon蓝牙信标、服务器（可能需要3台以上实现负载均衡）、稳定的网络设施（如Wi-Fi或移动通信网络）以及具备所需传感器的智能手机。而系统服务则包括融合定位算法和3D数字地图技术。通过这些构成，系统能够实现准确的定位服务，满足用户在室内环境中的定位需求。

（二）室内定位技术的应用方案

1. 室内定位技术的应用目标

图书馆作为知识的仓库和学术交流的场所，在数字化时代不断迭代更新其服务模式。利用室内定位技术和大数据统计分析，可为图书馆带来智慧服务的革新，促进人馆互动和空间、技术、资源、服务的协同发展。室内定位技术和大数据统计分析的结合能够实现图书馆的智慧服务模式。通过在图书馆内部安装定位设备，结合大数据统计分析用户行为和偏好，图书馆可以实现对用户的精准定位和个性化服务。

（1）室内导航。实时导航技术的应用可以解决用户在图书馆内查找目的地难以到达的问题。在传统图书馆中，用户往往会因为空间复杂或者缺乏导航信息而感到迷茫，导致效率低下或者提前离开。然而，通过利用室内定位技术和实时导航系统，用户可以轻松地找到所需的资源或者活动场所，提高了图书馆的利用率和用户满意度。此外，实时导航技术还可以在灾害逃生情况下发挥重要作用，为用户提供安全快速的撤离路径，保障用户的生命安全。

（2）个性化推送。个性化推送技术的应用可以为用户提供更加个性化的信息服务。利用室内定位和用户画像技术，图书馆可以根据用户的兴趣爱好和行为习惯，精准地推送相关的信息资源和图书馆活动信息。这不仅可以帮助用户更快速地了解到自己感兴趣的内容，也可以促进用户参与图书馆的活动和社交互动，提升了用户的参与度和忠诚度。同时，个性化推送也为图书馆提供了更多的营销和推广机会，提升了服务的效果和影响力。

（3）用户画像构建。用户画像构建是通过软件记录用户行为，包括检索、阅览和咨询等，从而形成翔实的业务操作记录。同时，利用室内定位技术获取用户行进轨迹、速度和位置信息，这为构建更为精准的用户画像提供了重要数据支持。结合业务记录和空间行为数据，系统能够建立起用户个体画像，通过多维度标签如时间、地点、人物、行为、目的、结果等，不断完善和丰富用户画像的内容。这种深度挖掘个体画像信息和关联信息的方式，最终使得系统能够构建出特征用户画像群体，实现个性化信息推送。这一举措不仅提升了信息服务的质量和有效性，也使得服务更具针对性，满足了用户个性化需求。

（4）数据分析。在数据分析方面，业务数据和用户画像被投影到空间地图中，结合实体空间对象和虚拟空间数据，进行可视化分析。通过查询和统计功能，系统能够展示读者的空间行为数据，多维度地呈现阅览行为和区域关联关系。这种多角度的数据展现方式，不仅使得数据更加直观易懂，也为图书馆提供了更为深入的洞察。例如，分析不同时间点、时间周期下的读者分布和流向变化，为图书馆提供了决策支持，帮助其保障公共安全，优化资源配置。这种以数据为基础的分析方法，使得图书馆能够更加科学地管理和运营，实现了资源的最大化利用和服务的最优化。

2. 室内定位技术的实现方式

图书馆微信服务平台的发展趋势显示出微信小程序在图书馆服务中日益重要的地位。随着微信小程序开发的成熟，它已成为互联网公司的主营业务之一。统一平台的微信小程序具有较高的兼容性和稳定性，开发成本低，有利于降低采购预算。读者更倾向于使用微信小程序，通过扫码、分享链接等方式简单便捷地享受服务，这也推动了微信小程序在图书馆服务中的广泛应用。因此，图书馆未来的发展趋势将更加倾向于利用微信小程序平台，以提升服务质量和用户体验，实现图书馆数字化服务的全面升级。

（1）读者应用端。基于微信小程序开发的室内定位产品可以通过以下几种方式在图书馆线上和线下空间投入使用：

第一，在图书馆的微信服务大厅等平台上集成服务功能链接，使读者能够方便地跳转至所需功能页面。这种集成方式有效地提高了用户体验，使得读者可以更快速、更便捷地获取所需信息或服务。

第二，将服务拓展至其他微信端功能页面，如图书检索、活动报名等。通过数据接口传输参数，可以实现室内定位平台的路径规划及导航功能。这种拓展方式不仅丰富了服务内容，还提高了用户在图书馆内的导航体验，使得用户可以更轻松地找到目的地。

第三，为了进一步拓展服务范围，可以将服务拓展至图书馆网页、触摸屏设备等其他平台。当读者在OPAL检索网站或楼宇导航机查询完成后，系统可以生成结果二维码，读者只需通过手机扫码，即可将目的地同步至室内定位平台，实现更加便捷的导航功能。

第四，在展板、海报等线下场景投放室内定位平台链接地址或目的地信息的二维码。读者只需通过手机扫码，便可直接打开服务页面，实现线上与线下的无缝连接。这种线下推广方式有效地扩大了服务的覆盖范围，提升了用户的服务体验。

（2）管理端。室内定位产品采用Web管理平台，实现室内定位平台的各项管理功能。这意味着系统能够提供日志管理、权限管理等系统平台维护功能，使得图书馆管理运维人员能够便捷地进行日常操作。同时，大数据分析结果可通过可视化图形展示页面及数据接口呈现，为图书馆管理者提供直观的数据展示和分析工具。此外，该管理端还能与第三方系统如图书馆运维监控平台、大数据展示系统及大数据统计分析平台进行集成，为图书馆提供更全面的服务和决策支持。

（3）系统集成。室内定位平台通过对接图书馆管理系统或其他第三方接口实现多种功能，如图书检索、活动报名、阅览室预约等。这样的集成不仅增强了图书馆移动端的服务能力，也提升了用户体验。个性化信息推送功能的实现，则进一步加强了与图书馆已有的数据分析平台、用户管理系统、信息发布系统的对接，使得用户能够接收到更加贴近个人兴趣和需求的信息。另外，通过室内定位管理平台实现相应的管理功能，以及提供接口将原始数据或分析结果、可视化图形等提供给指定的第三方系统，进一步拓展了系统的应用范围和数据交互的可能性。

3. 室内定位技术的系统架构

室内定位技术的系统架构采用了开源框架实现微服务架构，以适应业务快速迭代和创新的需求。该架构构建了标准框架，遵循架构兼容、可靠稳定、可扩展等原则，并具备技术前瞻性。微服务架构的优势在于由小的微服务组成完整应用，选用适合技术实现独立业务，采用轻量级通信机制、去中心化、独立部署发布升级、故障隔离等特点，从而提升了系统的灵活性和可维护性。

（三）室内定位导航应用的功能框架

对于室内定位导航应用的功能框架，针对公共图书馆服务模式及读者需求进行了设计。手机应用和管理平台分别针对读者和管理者提供了不同的功能。对于读者功能，包括室内定位地图、服务查询、信息推送和个人中心等，以满足读者在图书馆内获取信息、查询服务、个性化推送等需求。而管理平台功能则包括时空、行为统计分析、资源配置和决策数据支持，以帮助图书馆管理者更好地了解读者行为、优化资源配置，提升服务质量。

1. 读者应用端功能框架

（1）数字地图。数字地图与服务查询是现代图书馆提供给读者的重要功能之一。数字地图的功能包括实时位置展示、位置分享和楼宇导览。实时位置展示利用室内定位技术，准确显示读者当前所在位置，并提供导览功能，使读者能够轻松找到所需区域。同时，位置分享功能允许读者通过微信等社交媒体平台分享自己的位置信息，方便好友实时了解其位置。而楼宇导览则以鸟瞰图形式展示各服务区和设施名称，点击可获取简介或规划导航路径，使读者更加方便地了解图书馆的布局和各项服务。

（2）服务查询。服务查询主要包括阅览室和设施查询、图书检索及架位导航，以及服务和活动查询。阅览室和设施查询可通过关键词搜索或地图、列表选择兴趣点，获取相关信息或导览，帮助读者快速找到所需设施和服务区域。图书检索及架位导航则提供了检索馆藏资源的功能，并规划导航至物理架位，使读者能够准确、快速地找到所需图书。此外，服务和活动查询支持根据服务属性或活动名称查询，不仅提供了路径规划及导航功能，还能让读者了解到图书馆丰富多彩的服务和活动内容，满足其需求和兴趣。

（3）信息推送。信息推送包括定点触发推送和智能推送两方面。一方面，定点触发推送是指根据设定条件的时间、地点等因素触发推送机制，以满足特定需求。举例来说，可以在特定时间向用户发送相关活动邀请或调查问卷，或者在特定阅览区域推荐相关图书，从而提高用户参与度和满意度。另一方面，智能推送包括主动推送和智能推送两种方式，通过基于用户画像的智能化判断，减少信息冗余，提高推送准确性。主动推送是指系统根据用户的历史行为主动推送相关内容，而智能推送则是通过数据分析和修正推送策略，更精准地满足用户需求。通过这两种方式，系统能够更有效地与用户互动，提供更符合用户兴趣和需求的内容，从而提升用户体验。

（4）个人中心。个人中心主要包括操作记录、使用习惯统计和操作说明。第一，操作记录功能能够为用户提供历史操作记录，让用户快速进入自己想要的查询结果，从而节省时间和提高效率。第二，使用习惯统计功能可以分析用户在移动端的功能使用量和资源服务倾向性，帮助系统了解用户的行为习惯，从而更好地个性化推荐内容或服务。第三，操作说明功能提供了系统功能的使用说明，使用户能够在不需要额外培训的情况下快速了解系统功能，提高了系统的易用性和用户满意度。

2. 管理平台功能框架

（1）地图管理。地图管理方面，需要建立一个编辑阅览室的系统，其中包括设施和服务点位的信息。这些信息应该包括名称、简介以及相关的图文资料，以便读者在需要时能够准确地找到所需资源。同时，针对实际情况，需要对路径网络进行规划和调整，确保地图的准确性和实用性。这可能涉及增加或减少门禁等安全措施，以提高图书馆的运行效率和读者体验。

（2）信息管理。在信息管理方面，关键是编辑和维护信息内容。这包括使用富文本①格式或者网页链接的形式来呈现信息。此外，需要进行定点触发推送和智能推送，以满足不同类型读者的需求。这意味着根据读者的兴趣、借阅历史等个性化信息，向他们推送相关的书单或其他资源，从而提升他们的阅读体验。

（3）用户管理。用户管理方面，需要收集并分析读者的行为数据、操作记录和身份信息。这样可以建立起个体和群体的读者画像，并定义不同类型的读者。此外，管理账号及权限也是必要的，包括新增和编辑账号，以确保图书馆信息系统的安全和完整性。

（4）数据分析。数据分析是智慧图书馆建设的重要组成部分。利用用户和位置数据，结合数字地图信息进行大数据分析，可以获取客流量、位置轨迹、到馆用户、热区等相关信息。这些数据分析能够帮助图书馆更好地了解读者的行为和需求，从而优化资源配置和服务策略。

总之，室内定位技术的应用对于图书馆的发展至关重要。通过重新定义图书馆空间，利用室内定位技术获取并分析读者行为数据，可以为读者提供更个性化的服务，从而营造舒适的实体空间。室内定位技术也能够提升数据获取的有效性和准确性，生成更完备的读者和空间画像，为图书馆的智慧化发展提供重要支持。

---

① 富文本是一种特殊的文本格式，它比普通文本更加丰富多彩。富文本可以包含各种字体、颜色、大小、图像、链接、表格、视频等元素，使文本更加生动、有趣。

第三章 图书馆文献资源的智慧化采集与整理

第一节 智慧化采集的策略与方法

一、智慧化采集的概述

智慧化采集，指的是运用现代信息技术手段，对图书馆文献资源进行高效、精准、自动化的搜集与获取的过程。这一过程涵盖了从资源识别、筛选、获取到整合的多个环节，旨在实现文献资源的高效利用和智能管理。

（一）智慧化采集在图书馆文献资源建设中的意义

首先，它有助于提升图书馆的服务水平和竞争力。通过智慧化采集，图书馆能够更快速、更准确地获取到用户所需的文献资源，提高服务效率和质量。同时，智慧化采集还能够为图书馆提供更加全面、深入的学术资源，增强其在学术研究领域的影响力。

其次，智慧化采集有助于优化图书馆的资源配置。通过对文献资源进行智慧化采集，图书馆能够实现对资源的精准定位和有效管理，避免资源的浪费和重复建设。同时，智慧化采集还能够根据用户的需求和行为习惯，对资源进行智能推荐和个性化服务，提高资源的利用率和用户满意度。

最后，智慧化采集有助于推动图书馆的创新发展。随着信息技术的不断发展和应用，图书馆面临着前所未有的机遇和挑战。智慧化采集作为图书馆创新发展的重要手段之一，能够为图书馆带来新的发展思路和方向，推动其向更加智能化、个性化的方向发展。

（二）智慧化采集与传统采集的比较

智慧化采集与传统采集相比，具有显著的优势。传统采集往往依赖于人工筛选和整理，效率低下且容易出错。而智慧化采集则能够利用先进的技术手段，实现自动化、智能化的资源采集，大大提高了采集效率和准确性。

此外，传统采集往往局限于特定的资源渠道和范围，难以获取到全面、深入的学术资源。而智慧化采集则能够通过网络爬虫、数据挖掘等技术手段，实现对全球范围内学术资源的广泛搜集和整合，为图书馆提供更加丰富、多样的资源选择。

二、智慧化采集的策略规划

（一）采集目标的确定与策略制定

在智慧化采集的过程中，明确采集目标并制定相应策略是至关重要的。首先，需要深入分析图书馆的服务定位、用户需求以及学科发展趋势，从而确定采集的主要目标。这些目标可能包括提升特定学科的资源覆盖、满足特定用户群体的需求，或者跟踪前沿研究动态等。

有了明确的采集目标后，接下来便是制定具体的采集策略。策略的制定应综合考虑资源的质量、可用性、成本效益等多方面因素。例如，对于高质量的学术资源，可以采用主动采购、长期订阅等策略；对于新兴或小众资源，则可以通过合作共建、开放获取等方式进行采集。

（二）采集范围的界定与优先级划分

采集范围的界定应根据图书馆的服务定位、用户需求和学科发展趋势来确定。这包括确定采集的资源类型、学科领域、时间范围等。同时，还需要考虑资源的来源渠道，如出版社、学术机构、开放存取平台等。

在界定了采集范围后，需要对资源进行优先级划分。这主要依据资源的重要性、紧急性以及用户对资源的需求程度来进行。对于重要性高、需求迫切的资源，应优先进行采集；对于重要性相对较低或需求不迫切的资源，则可以适当降低采集优先级。

（三）采集周期与更新频率的设定

采集周期的设定应根据资源的更新速度、变化频率以及用户的需求变化来确定。对于更新速度快、变化频繁的资源，如新闻、博客等，应设定较短的采集周期，以便及时获取最新信息；对于更新速度较慢、变化不大的资源，如经典著作、历史文献等，则可以设定较长的采集周期。

更新频率的设定则更多地考虑到用户对资源的需求变化。在用户需求稳定或变化不大的情况下，可以设定固定的更新频率；而在用户需求变化较大或突发事件频发的时期，则需要灵活调整更新频率，以满足用户的实时需求。

通过合理的采集周期与更新频率的设定，可以确保图书馆文献资源的时效性和完整性，同时避免资源的冗余和浪费。这对于提升图书馆的服务质量和用户满意度具有重要意义。

三、智慧化采集的技术手段

（一）大数据技术在采集中的应用

在智慧化采集的过程中，大数据技术发挥着至关重要的作用。通过对海量数据进行挖掘和分析，大数据技术能够帮助图书馆精准地识别和获取所需的文献资源。具体而言，大数据技术可以对图书馆的馆藏数据、用户行为数据等进行深度挖掘，发现其中的规律和趋势，为采集策略的制定提供有力支持。

此外，大数据技术还可以应用于资源的筛选和过滤。通过对数据进行清洗和去重，大数据技术能够去除冗余和无关信息，提高采集的效率和准确性。同时，基于用户画像和兴趣偏好，大数据技术还可以实现个性化推荐，为用户提供更符合其需求的文献资源。

（二）人工智能与机器学习在采集中的应用

人工智能与机器学习技术为智慧化采集提供了强大的动力。通过训练模型和学习算法，这些技术能够实现对文献资源的自动分类、标注和推荐。具体而言，机器学习算法可以通过分析大量文献资源的内容和特征，归纳出资源的分类和标注规则，从而实现自动化处理。

此外，人工智能技术还可以应用于语义理解和知识图谱构建。通过对文献资源进行深度语义分析，人工智能技术能够提取出其中的关键信息和概念，构建出知识图谱，为资源的组织和利用提供有力支持。同时，基于知识图谱的推理和关联分析，还可以发现资源之间的内在联系和潜在价值。

（三）网络爬虫与自动化采集工具的使用

网络爬虫能够自动遍历互联网上的网页和资源，抓取所需的信息并存储到本地数据库中。通过配置不同的爬虫策略和规则，图书馆可以实现对特定网站、数据库或开放存取资源的自动化采集。

自动化采集工具则能够实现对文献资源的自动下载、格式转换和整合。这些工具可以根据预设的规则和模板，自动从网络上获取文献资源，并将其转换为图书馆所需的格式和标准。这大大减轻了人工采集的负担，提高了采集的效率和准确性。

四、智慧化采集的具体方法

（一）基于用户需求的精准采集

在智慧化采集过程中，精准满足用户需求是至关重要的一环。为实现这一目标，图书馆需要深入分析用户的搜索行为、借阅记录以及反馈意见，从而准确把握用户的文献需求。通过构建用户画像，图书馆能够了解不同用户群体的阅读偏好、学术兴趣及研究需求，进而为其推荐最相关、最有价值的文献资源。

在实施精准采集时，图书馆可以运用大数据技术对用户数据进行挖掘和分析，发现用户的潜在需求。同时，结合人工智能和机器学习技术，图书馆可以实现对用户需求的智能预测和推荐。此外，图书馆还可以通过问卷调查、用户访谈等方式，直接获取用户的反馈和建议，不断优化采集策略和服务质量。

（二）基于学科领域的定向采集

针对特定学科领域的文献资源采集，有助于图书馆构建更为专业、深入的馆藏体系。在进行学科领域的定向采集时，图书馆首先需要明确学科领域的范围和边界，了解该领域的学术动态和发展趋势。

在此基础上，图书馆可以通过与学科专家、学术机构等建立合作关系，获取专业的文献推荐和指引。同时，图书馆还可以利用学科领域的专业数据库、期刊平台等资源，进行有针对性的采集。此外，图书馆还可以关注学科领域的学术会议、研究成果等，及时获取最新的学术动态和资源。

通过基于学科领域的定向采集，图书馆能够形成具有特色的馆藏体系，为学科研究提供有力的文献支持。

（三）基于开放获取资源的采集策略

开放获取资源是图书馆文献资源建设的重要补充。在智慧化采集过程中，图书馆应积极采用基于开放获取资源的采集策略。

具体而言,图书馆可以通过搜索引擎、开放存取平台等途径,发现和获取开放获取资源。同时,图书馆还可以与开放存取出版商、学术机构等建立合作关系,获取更多的开放获取资源。在采集过程中,图书馆需要注意对资源的质量、合规性等进行审核和筛选,确保所采集的开放获取资源符合图书馆的标准和需求。

基于开放获取资源的采集策略,不仅能够丰富图书馆的馆藏体系,还能够降低采集成本,提高资源的利用率。同时,这也有助于推动学术资源的共享和传播,促进学术研究的繁荣发展。

五、智慧化采集的质量控制

首先,采集数据的质量评估标准是确保资源质量的基础。这些标准通常包括资源的完整性、准确性、时效性和权威性等方面。完整性要求资源内容全面,无遗漏;准确性要求资源信息真实可靠,无误差;时效性强调资源应及时更新,反映最新研究成果;权威性则要求资源来源可靠,具有一定的学术影响力。通过制定这些标准,图书馆可以明确采集目标,确保所获取的资源符合其需求。

其次,采集过程中的质量控制措施是确保资源质量的关键。在采集过程中,图书馆需要采取一系列措施来保证资源的质量。例如,通过设定合理的采集范围和优先级,图书馆可以确保所采集的资源与其服务定位和用户需求相匹配。同时,采用先进的自动化采集工具和技术手段,如网络爬虫和大数据分析,可以提高采集的效率和准确性。此外,对采集到的数据进行初步筛选和过滤,去除重复、无关或低质量的信息,也是保证资源质量的重要环节。

最后,采集后数据的清洗与整合是确保资源质量的最后一道关卡。在数据清洗方面,图书馆需要对采集到的数据进行进一步的去重、纠错和格式化处理,以确保数据的准确性和一致性。在数据整合方面,图书馆需要将清洗后的数据与现有馆藏资源进行融合,形成统一的文献资源体系。这包括数据的分类、标引、存储和检索等方面的处理,以便用户能够方便地获取和利用这些资源。

值得注意的是,质量控制是一个持续的过程,需要贯穿于智慧化采集的始终。图书馆应建立定期的质量评估机制，对采集到的数据进行定期检查和分析，及时发现并解决问题。同时，图书馆还应加强与用户的沟通和反馈机制，及时了解用户对资源质量的反馈和建议，以便不断优化采集策略和服务质量。

第二节　文献资源的智慧化分类与编目

随着信息技术的迅猛发展，图书馆面临着海量的文献资源处理任务。传统的分类与编目方法已经难以满足现代图书馆的需求，因此，智慧化分类与编目成为图书馆领域的重要研究方向。

一、文献资源的智慧化分类

（一）智慧化分类的重要性

智慧化分类，作为一种前沿的文献资源管理技术，是指利用现代信息技术手段，对海量的文献资源进行自动化、智能化的分类处理。它通过对文献内容的深度分析，结合机器学习、自然语言处理等先进技术，实现对文献资源的精准划分和归类。

在现代图书馆管理中，智慧化分类的重要性不言而喻。随着信息技术的飞速发展，图书馆面临着日益增长的文献资源，传统的分类方法已经难以满足高效、准确的处理需求。智慧化分类的引入，不仅能够大大提高分类的效率，还能够有效提升分类的准确性，使图书馆能够更好地应对海量资源的挑战。

此外，智慧化分类还具有广泛的应用价值。通过对文献资源的精准分类，图书馆能够为用户提供更加便捷、高效的检索服务，提高用户满意度。同时，智慧化分类还有助于图书馆实现资源的优化配置，提高资源利用率，为图书馆的科学管理提供有力支持。

具体而言，智慧化分类能够自动提取文献的关键词、主题等信息，根据预设的分类规则或算法模型，将文献资源划分到相应的类别中。这种自动化的分类方式不仅减少了人工干预，降低了分类的主观性和误差率，还大大提高了分类的效率和准确性。同时，智慧化分类还能够根据用户的检索习惯和兴趣偏好，进行个性化的分类推荐，为用户提供更加个性化的服务体验。

（二）智慧化分类原理与技术基础

1. 分类学的基本原理

分类学作为研究事物分类的科学，其基本原理主要包括分类的依据、原则和方法。分类的依据主要来源于事物的本质属性和特征，这些属性和特征可以是事物本身固有的，也可以是人们根据一定的标准和需求所赋予的。在文献资源分类中，这些依据可以是文献的主题、内容、形式等。

分类的原则通常强调客观性、系统性和实用性。客观性要求分类过程中尽量减少主观因素的影响，确保分类结果的客观性和准确性；系统性则强调分类体系的结构完整性和逻辑严密性，使分类结果能够形成一个有机的整体；实用性则是指分类结果应能够满足实际应用的需求，方便用户检索和利用。

分类的方法多种多样，常见的有归纳法、演绎法、分析法等。归纳法是通过观察和分析具体事物的共同特征，将其归纳到相应的类别中；演绎法则是根据已有的分类原则和体系，推导出新的事物的分类；分析法则是通过深入剖析事物的内部结构和关系，确定其分类归属。

2. 智慧化分类的技术基础

智慧化分类的实现离不开现代信息技术的支持，其中自然语言处理和机器学习等技术发挥了重要作用。

自然语言处理是智慧化分类的核心技术之一，它通过对文本进行分词、词性标注、句法分析等操作，提取出文本中的关键信息和特征。这些信息和特征可以作为分类的依据，帮助计算机理解文本内容并进行准确分类。同时，自然语言处理技术还可以对文本进行语义分析和情感分析，进一步丰富分类的维度和深度。

机器学习则是智慧化分类的重要工具，它通过训练大量的数据样本，使计算机能够自动学习和识别事物的特征和规律。在文献资源分类中，机器学习算法可以根据已有的分类标签和文本特征，自动构建分类模型，并对新的文本进行自动分类。

此外，智慧化分类还涉及数据挖掘、信息检索等相关技术。数据挖掘技术可以从海量数据中提取出有用的信息和模式，为分类提供数据支持；信息检索技术则可以帮助用户快速找到所需的文献资源，提高检索效率。

（三）智慧化分类与传统分类的比较

智慧化分类与传统分类在效率和准确性方面存在显著的差异，这些差异体现了现代技术与传统方法的不同特点和应用效果。

在效率方面，智慧化分类展现了明显的优势。传统分类方法通常依赖于人工操作，需要大量的人力投入和时间成本。相比之下，智慧化分类利用先进的自动化技术和算法模型，能够实现对文献资源的快速、批量处理。通过自动化工具和智能系统的应用，智慧化分类大大提高了分类的速度，减少了人力成本，使得图书馆能够更高效地应对海量资源的分类需求。

在准确性方面，智慧化分类同样表现出色。传统分类方法往往受到人为因素的影响，分类结果可能存在一定的主观性和误差。而智慧化分类基于先进的算法和模型，能够客观、准确地识别文献资源的特征和属性，实现精准分类。通过深度学习和自然语言处理等技术，智慧化分类能够更好地理解文献内容，提取关键信息，从而提高分类的准确性。

此外，智慧化分类还具有更好的适应性和灵活性。传统分类方法往往基于固定的分类标准和规则，难以适应不断变化的文献资源和用户需求。而智慧化分类可以根据实际情况进行调整和优化，通过机器学习等技术不断学习和改进分类模型，以适应不同领域、不同主题的文献资源。

（四）智慧化分类的实践应用场景

智慧化分类在图书馆的应用，以其高效、准确的特点，为图书馆的资源管理带来了全新的变革。这种变革体现在资源组织、检索和推荐等多个方面，极大地提升了图书馆的服务水平和用户体验。

在资源组织方面，智慧化分类能够自动对图书馆的海量文献资源进行精准分类，将各类资源按照学科、主题、形式等维度进行有序组织。这不仅提高了资源管理的效率，也方便了用户查找和获取所需资源。通过智慧化分类，图书馆可以构建一个结构清晰、内容丰富的资源体系，为用户提供更加便捷、高效的服务。

在检索方面，智慧化分类的应用使得图书馆的检索系统更加智能、高效。用户可以通过关键词、主题等多种方式进行检索，智慧化分类系统能够迅速识别用户的检索意图，从海量的文献资源中筛选出符合用户需求的信息。这种智能化的检索方式不仅提高了检索的准确率，也大大节省了用户的时间成本。

在推荐方面，智慧化分类能够根据用户的检索历史和兴趣偏好，自动为用户推荐相关的文献资源。这种个性化的推荐服务，可以帮助用户发现更多有价值的信息，提升用户的阅读体验。同时，通过智慧化分类的推荐系统，图书馆也可以更好地了解用户的需求和偏好，为后续的资源建设和服务优化提供数据支持。

（五）分类算法的选择与优化

1. 分类算法的选择

在文献资源分类中，不同的分类算法，其特点和适用场景各有不同。例如，K–近邻算法（K–NN）基于实例学习，对样本数据的特征要求较高，但其简单易懂，适用于特征明显且数据量适中的情况。支持向量机（SVM）则通过寻找最优超平面进行分类，对于高维数据和非线性问题具有较好的处理能力，但计算复杂度相对较高。决策树算法以树状结构进行决策，直观易懂且能够处理具有缺失属性的样本。然而，决策树可能会过拟合，导致对新样本的预测能力下降。随机森林算法则通过构建多个决策树来减少过拟合的风险，提高分类的准确性和稳定性。深度学习算法如卷积神经网络（CNN）和循环神经网络（RNN）在处理大规模文献资源和复杂文本信息方面表现出色。它们能够通过多层次的神经网络结构学习文本的深层特征，实现高精度的分类。但深度学习算法通常需要大量的训练数据和计算资源，且模型训练时间较长。

在选择分类算法时，图书馆应充分考虑其资源特点、用户需求和计算资源等因素。例如，对于小规模且特征明显的文献资源，可以选择简单高效的K–近邻算法或决策树算法；对于大规模且复杂的文献资源，深度学习算法可能更为适合。

此外，图书馆还可以根据分类结果的准确性和效率对算法进行优化。这包括调整算法参数、优化特征选择、处理不平衡数据等。通过不断优化算法，图书馆可以进一步提高文献资源分类的准确性和效率，为用户提供更好的服务。

2. 分类规则的制定与调整

（1）分类规则的制定过程。分类规则的制定是智慧化分类体系构建的核心环节，它直接关系到分类结果的准确性和有效性。规则的来源主要包括图书馆现有的分类标准、专业领域的分类体系以及用户的需求和习惯等。制定方法则通常采用专家评审、用户调研和数据分析相结合的方式，确保规则的科学性和实用性。

在规则的制定过程中，首先需要收集和分析相关的分类标准和规范，形成初步的分类框架。然后，通过专家评审和用户调研，对分类框架进行细化和完善，确保规则能够准确反映文献资源的本质特征和用户需求。最后，通过数据分析和实验验证，对规则进行量化表达和优化调整，形成一套完整、精确的分类规则体系。

分类规则的调整机制同样重要。随着图书馆资源的不断更新和用户需求的不断变化，分类规则也需要进行适时的调整和优化。这通常涉及对现有规则的修订、补充或更新，以及对新规则的引入和测试。调整机制的建立有助于保持分类规则的时效性和适应性，确保分类结果的准确性和稳定性。

（2）分类规则对分类结果的影响及其调整策略。分类规则是智慧化分类系统的基础，它们直接决定了文献资源如何被归类和组织。合理的分类规则能够准确反映文献资源的主题和内容，提高检索的效率和准确性。反之，如果分类规则不合理或过于复杂，可能导致分类结果的混乱和错误，影响用户的使用体验。

因此，对于分类规则的影响和调整策略需要给予充分的重视。当发现分类结果存在偏差或不符合预期时，应及时分析原因并调整相应的分类规则。这可能涉及对规则细节的微调、对规则权重的重新分配或对规则结构的整体优化。同时，也可以借助用户反馈和数据分析等方法，不断优化和调整分类规则，以提高分类结果的准确性和满意度。

在调整分类规则时，需要综合考虑多种因素，包括资源的特性、用户的需求、技术的可行性等。通过科学的制定和调整分类规则，可以确保智慧化分类系统在图书馆资源组织和管理中发挥更大的作用。

二、文献资源的智慧化编目

（一）智慧化编目概述

智慧化编目，作为图书馆学领域的新兴概念，指的是利用现代信息技术，特别是人工智能、大数据和云计算等技术手段，对图书馆文献资源进行高效、准确、自动化的信息描述和组织的过程。这一过程涵盖了文献的识别、分类、描述、存储和检索等多个环节，旨在实现图书馆资源管理的智能化和精细化。

智慧化编目不仅是对传统编目方式的革新，更是图书馆在信息化时代适应新需求、提升服务质量的重要举措。通过智慧化编目，图书馆能够更加高效地处理海量文献资源，准确提取资源信息，为用户提供更加便捷、精准的检索和借阅服务。

相较于传统编目方式，智慧化编目具有以下几个显著特点：

首先，智慧化编目实现了自动化处理。借助先进的自动化设备和软件系统，智慧化编目能够自动识别和录入文献信息，大大减少了人工干预和错误率，提高了编目工作的效率和准确性。

其次，智慧化编目具有智能化特征。通过应用人工智能技术，智慧化编目能够自动分析文献内容，提取关键信息，实现精准分类和描述。这不仅能够提高编目的精度和深度，还能够为用户提供更加个性化的推荐和服务。

此外，智慧化编目还具有数据化优势。在大数据技术的支持下，智慧化编目能够收集、整合和分析图书馆资源信息，形成丰富的数据资源，为图书馆的决策分析和用户行为研究提供有力支持。

（二）编目原则与规范

编目工作作为图书馆资源管理的核心环节，旨在通过科学、规范的方法，对图书、期刊、报纸等各类文献资源进行描述、分类和组织，以便用户能够快速、准确地检索和利用这些资源。在编目工作中，必须遵循一系列基本原则和规范标准，以确保编目结果的一致性、准确性和可靠性。

首先，准确性是编目工作的首要原则。在编目过程中，必须确保所描述的文献资源信息准确无误，包括书名、作者、出版社、出版时间、ISBN号等关键信息。此外，对于文献的主题内容、学科分类等深层次信息，也需要进行精准分析和归纳，以便用户能够根据这些信息快速找到所需的资源。

其次，一致性原则要求编目工作必须遵循统一的规范和标准。这包括使用统一的术语、符号和格式来描述文献资源，以确保不同图书馆之间的编目数据能够相互兼容和共享。此外，对于同一类型的文献资源，应采用相同的分类方法和著录规则，以确保编目结果的一致性和可比性。

再次，简洁性原则强调编目数据应尽可能简洁明了，避免冗余和复杂。在描述文献资源时，应使用简洁的语言和精练的表述方式，突出重点信息，方便用户快速获取所需内容。同时，对于不必要的细节和冗余信息，应进行适当的删减和合并，以提高编目数据的可读性和易用性。

最后，标准化原则要求编目工作必须遵循国家和行业制定的相关标准和规范。这些标准和规范为编目工作提供了统一的指导和要求，有助于确保编目数据的质量和可靠性。在编目过程中，应严格遵守这些标准和规范，确保所描述的文献资源信息符合国家和行业的规定和要求。

除了上述基本原则外，编目工作还需要遵循一些具体的规范标准。例如，对于图书的著录，应遵循《中国图书馆图书分类法》和《普通图书著录规则》等标准；对于期刊的著录，则应遵循《连续出版物著录规则》等标准。这些规范标准为编目工作提供了具体的操作指南和参考依据，有助于确保编目结果的准确性和规范性。

（三）智慧化编目技术基础

智慧化编目作为图书馆学领域的创新实践，其背后依赖于一系列先进的技术手段。这些技术不仅提升了编目的效率，也确保了编目的准确性和一致性。

1. 元数据技术

元数据是关于数据的数据，它为文献资源提供了结构化、标准化的描述信息。通过元数据技术，智慧化编目系统能够自动提取、生成和管理文献资源的元数据信息，如标题、作者、出版日期、ISBN号等。这些元数据为文献资源的检索、分类和组织提供了基础，使得用户能够更加方便地找到所需的资源。

2. 信息抽取技术

信息抽取技术能够从非结构化或半结构化的文本中自动识别和提取出关键信息。在编目过程中，信息抽取技术能够帮助系统从文献资源的描述性文本中提取出主题、关键词等深层次信息，进一步提升编目的准确性和深度。这些信息对于用户理解和使用文献资源具有重要意义。

3. 自然语言处理技术

自然语言处理技术能够理解和分析人类语言，从而实现对文献资源内容的自动处理和解析。通过自然语言处理技术，系统能够自动识别文献资源的主题分类、摘要生成等任务，提高了编目的自动化程度。此外，自然语言处理技术还可以用于对用户查询进行解析和理解，从而提供更加精准的检索结果。

4. 机器学习技术

通过机器学习算法，系统能够学习和识别文献资源的特征，从而实现对新资源的自动分类和描述。机器学习技术还可以用于优化编目规则和算法，提高编目的准确性和效率。随着数据量的不断增加和算法的不断优化，机器学习技术在智慧化编目中的应用前景将更加广阔。

三、智慧化分类与编目的挑战与对策

（一）面临的挑战与问题

在智慧化分类与编目的实践过程中，虽然取得了一定的成效，但仍面临着一系列挑战和问题，这些问题不仅影响了分类与编目的准确性，也制约了智慧化图书馆服务的发展。

1. 数据质量问题

数据质量是智慧化分类与编目的基础，但实践中却发现数据质量问题层出不穷。一方面，图书馆的数据来源广泛，包括纸质图书、电子资源、网络文献等，这些数据的格式、结构和内容差异巨大，给统一处理带来了极大的困难；另一方面，由于数据录入、转换和整合过程中的人为错误或技术缺陷，导致数据存在噪声、冗余和不一致等问题，严重影响了分类与编目的准确性。

2. 技术更新迅速

智慧化分类与编目依赖于先进的技术手段，但技术的快速发展和不断更新也带来了挑战。新的分类算法、机器学习模型和数据处理技术不断涌现，要求图书馆不断更新和升级自身的技术体系。然而，技术的更新不仅需要投入大量的资金和人力，还需要图书馆员具备相应的技术能力和知识储备，这无疑增加了实践的难度。

3. 标准化与规范化的缺失

智慧化分类与编目需要遵循一定的标准和规范，以确保分类和编目的准确性和一致性。然而，目前该领域的标准化和规范化程度还不够高，缺乏统一的标准和规范体系。这导致不同的图书馆在分类与编目实践中存在较大的差异和不确定性，影响了资源的共享和利用。

4. 用户需求的多样化

随着信息技术的发展和用户信息素养的提高，用户对图书馆服务的需求日益多样化。不同的用户可能对同一资源有不同的分类和编目需求，这要求智慧化分类与编目系统具备更高的灵活性和个性化服务能力。然而，目前大多数系统还难以满足这种多样化的需求，需要在算法优化和功能拓展方面进行更多的探索和研究。

（二）对策与建议

面对智慧化分类与编目实践中所面临的挑战和问题，必须采取一系列对策与建议，以确保智慧化图书馆服务的稳步发展。

1. 加强数据质量控制

首先，应建立严格的数据采集、清洗和校验机制，确保源头数据的准确性和完整性。其次，对于已有的数据资源，应定期进行质量评估和清理，消除冗余、错误和不一致的数据。此外，加强数据格式的标准化和规范化，降低数据处理和转换的难度，提高数据利用率。

2. 推动技术创新与应用

图书馆应密切关注行业动态和技术发展趋势，及时引入先进的分类算法、机器学习模型和数据处理技术。同时，加强与技术提供商的合作，共同研发适用于图书馆场景的智能化分类与编目系统。此外，鼓励图书馆馆员参与技术研发和创新活动，提升他们的技术能力和创新意识。

3. 完善标准化与规范化体系

图书馆应积极参与国际和国内相关标准的制定和修订工作，推动形成符合图书馆行业特点的标准体系。同时，加强标准的宣传和推广，确保图书馆馆员和用户都能够了解和遵守相关标准。此外，建立标准实施情况的监督和评估机制，确保标准的有效执行。

4. 提升用户服务水平

图书馆应深入了解用户需求和行为特点，设计更加符合用户习惯的分类与编目方式。同时，加强用户反馈收集和分析，及时调整和优化服务策略。此外，通过举办培训、讲座等活动，提高用户的信息素养和分类编目意识，促进用户与图书馆的互动与合作。

第三节　文献资源的智慧化存储与管理

一、文献资源的智慧化存储

随着信息技术的飞速发展，图书馆面临着海量的文献资源增长和日益复杂的管理需求。传统的存储方式已难以满足图书馆对资源的高效利用和长期保存的要求，因此，文献资源的智慧化存储应运而生。

在信息化、数字化的大背景下，文献资源的智慧化存储成为图书馆领域的重要发展方向。这一变革不仅代表着技术的进步，更是图书馆资源管理模式的创新。智慧化存储能够实现对文献资源的快速、准确、高效的存取和管理，为图书馆提供更为便捷、智能的服务方式。

对于图书馆而言，智慧化存储的价值体现在多个方面。首先，它能够极大地提升存储空间的利用率，减少物理存储空间的占用，降低图书馆的运营成本。其次，智慧化存储能够实现对文献资源的长期保存和有效保护，防止资源的损坏和丢失，确保资源的可持续利用。此外，智慧化存储还能够实现资源的快速检索和共享，提高资源的利用率和传播范围，为读者提供更加优质的服务体验。

因此，探讨文献资源的智慧化存储对于图书馆来说具有深远的意义。它不仅能够提升图书馆的管理水平和服务质量，还能够推动图书馆事业的持续发展，为构建智慧图书馆奠定坚实的基础。

（一）智慧化存储技术的理论基础

在文献资源的智慧化存储中，云计算和大数据等先进技术发挥着核心作用，它们共同构成了智慧化存储技术的理论基础。

云计算作为一种新型的计算模式，为文献资源的智慧化存储提供了强大的支持。通过云计算，图书馆可以将海量的文献资源存储在云端，实现资源的集中管理和高效利用。云计算的弹性扩展能力使得图书馆能够根据实际需求动态调整存储资源，确保存储空间的充足和高效利用。同时，云计算还提供了数据备份和容灾机制，保障文献资源的安全性和可靠性。

大数据技术的应用则进一步提升了智慧化存储的智能化水平。通过大数据技术，图书馆可以对文献资源进行深度分析和挖掘，发现资源之间的关联和规律，为资源管理和服务提供有力支持。大数据的实时处理能力使得图书馆能够迅速响应读者的需求，提供个性化的服务。此外，大数据技术还可以帮助图书馆发现潜在的资源价值，为资源的进一步开发和利用提供可能。

在智慧化存储系统的架构设计上，需要考虑到系统的可扩展性、稳定性和安全性。通过采用分布式存储架构，可以实现数据的均衡负载和高效访问。同时，通过引入冗余备份和容错机制，可以确保数据的可靠性和安全性。在关键技术方面，数据压缩、去重和加密等技术能够提升存储空间的利用率和数据的保密性；智能索引和检索技术则能够提高资源的检索效率和准确性。

（二）智慧化存储技术的应用实践

随着信息技术的快速发展，智慧化存储技术逐渐在图书馆文献资源管理中得到广泛应用。这些技术的实践应用不仅提高了文献资源的存储效率，也确保了资源的安全性和可靠性。

1. 云存储平台

通过构建云存储平台，图书馆能够将大量的文献资源上传至云端，实现资源的集中存储和管理。云存储平台具备弹性扩展的能力，可以根据图书馆资源增长的需求随时增加存储空间，避免了传统存储方式中物理空间不足的问题。同时，云存储平台还提供了高效的数据访问和共享机制，使得读者可以随时随地访问所需的文献资源，提高了资源的利用率。

2. 分布式存储系统

分布式存储系统通过将数据分散存储在多个节点上，实现了数据的负载均衡和容错能力。这种架构不仅提高了数据的访问速度，还降低了单一节点故障对整个系统的影响。对于图书馆而言，分布式存储系统能够有效应对海量文献资源的存储需求，确保资源的快速访问和高效管理。

3. 数据备份与容灾技术

为了防止数据丢失和损坏，图书馆需要采用可靠的数据备份和容灾机制。通过定期备份文献资源数据，并在异地建立容灾中心，可以确保在自然灾害、设备故障等突发情况下，文献资源能够得到及时恢复和保护。这些技术的应用不仅提高了文献资源的安全性，也为图书馆的稳定运行提供了有力保障。

此外，随着技术的不断进步，智慧化存储技术还在不断探索新的应用模式。例如，通过引入智能分析和预测算法，图书馆可以对文献资源的存储情况进行实时监控和预测，从而优化存储策略和提高存储效率。同时，通过与其他信息技术如人工智能、大数据等的融合应用，智慧化存储技术将为图书馆的资源管理和服务创新提供更多可能性。

（三）智慧化存储的安全性与效率

在智慧化存储的实践中，安全性与效率始终是两大核心关键。这两方面不仅关乎图书馆文献资源的完整性和可靠性，也直接影响到资源管理的质量和服务的效能。

随着网络技术的快速发展，智慧化存储面临着越来越多的安全挑战，如数据泄露、非法访问和恶意攻击等。为了应对这些挑战，图书馆需要采取一系列策略。一方面，加强访问控制，通过身份认证和权限管理，确保只有授权用户才能访问文献资源；另一方面，加强数据加密，使用先进的加密算法对存储的数据进行加密处理，防止数据在传输和存储过程中被窃取或篡改。此外，建立安全审计和监控机制，对存储系统的安全状态进行实时监控和定期审计，及时发现并应对潜在的安全风险。

在提升存储效率方面，数据压缩与去重技术发挥着重要作用。数据压缩技术通过去除数据中的冗余信息，减少存储空间的占用，提高存储空间的利用率。去重技术则通过识别并消除重复数据，避免数据的重复存储，进一步降低存储成本。图书馆在智慧化存储过程中，可以广泛应用这两种技术，对文献资源进行高效压缩和去重处理，实现存储空间的优化利用。

除了技术应用外，优化存储结构也是提高存储性能的有效途径。图书馆可以根据文献资源的特性和访问需求，设计合理的存储结构。例如，采用分层存储策略，将不同访问频率和重要性的资源分别存储在不同性能的存储设备上，以实现存储资源的合理配置和高效利用。同时，引入缓存机制，将频繁访问的数据缓存在高速存储介质中，提高数据的访问速度。

此外，提高存储性能还可以通过改进存储系统的硬件和软件实现。例如，采用高性能的存储设备和网络设备，提升存储系统的吞吐量和响应速度。同时，优化存储管理软件，提高系统的稳定性和可靠性，减少故障发生的概率。

二、文献资源的智慧化管理

（一）文献资源智慧化管理的重要性

随着信息技术的迅猛发展，文献资源智慧化管理逐渐成为图书馆管理领域的必然趋势。这一变革不仅是对传统管理模式的升级，更是图书馆适应信息化社会发展的重要举措。智慧化管理的必要性与重要性日益凸显，对于提升图书馆服务水平具有深远的意义。

首先，文献资源智慧化管理的必要性体现在多个方面。在信息化社会中，文献资源的数量急剧增长，种类也日益繁多，传统的管理方式已难以满足读者日益增长的需求。智慧化管理通过运用先进的技术手段，实现文献资源的自动化、智能化管理，极大地提高了管理效率和质量。同时，智慧化管理还能够促进图书馆与其他信息机构的合作与交流，实现资源共享和互利共赢。

其次，智慧化管理对于提升图书馆服务水平具有重要意义。一方面，智慧化管理能够提升图书馆的服务质量。通过引入智能推荐系统、个性化定制服务等创新应用，图书馆能够更准确地把握读者的需求，为读者提供更加精准、高效的服务。另一方面，智慧化管理还能够拓展图书馆的服务范围。借助云计算、大数据等技术，图书馆可以打破时间和空间的限制，为更多读者提供远程访问、在线咨询等服务，进一步扩大了服务受众群体。

（二）智慧化管理的技术支撑

智慧化管理在图书馆文献资源管理中发挥着日益重要的作用，而这背后离不开一系列先进技术的支撑。

1. 数据挖掘技术

通过对海量文献资源进行深度挖掘，图书馆能够发现隐藏在数据中的有用信息和知识模式。这些模式不仅有助于图书馆优化资源配置，提升服务质量，还能为读者提供更加精准、个性化的服务。同时，数据挖掘技术还可以帮助图书馆发现潜在的用户需求和市场趋势，为图书馆的创新发展提供有力支持。

2. 知识图谱技术

通过将各种文献资源以图形化的方式展示出来，知识图谱能够清晰地展现知识之间的关联和联系。这不仅有助于读者更好地理解和掌握知识，还能为图书馆的知识发现和创新提供有力支持。此外，知识图谱还可以帮助图书馆实现跨领域、跨学科的资源整合和共享，进一步拓展图书馆的服务范围和能力。

3. 智能分析系统

通过运用自然语言处理、机器学习等技术，智能分析系统能够实现对文献资源的自动化分类、标引和摘要提取等操作。这不仅大大提高了文献资源处理的效率和准确性，还为读者提供了更加便捷、高效的检索和浏览体验。同时，智能分析系统还可以对文献资源进行深度分析和挖掘，发现其中的学术价值和潜在应用前景。

4．智能分类与标引系统

通过对文献资源进行自动化分类和标引，系统能够确保文献资源的准确性和一致性，提高资源的可检索性和可利用性。同时，智能分类与标引系统还可以根据读者的需求和偏好，为其推荐相关的文献资源，提高读者的满意度和忠诚度。

5．个性化推荐系统

通过对用户的阅读历史、兴趣偏好等信息进行分析和挖掘，个性化推荐系统能够为用户推荐符合其需求的文献资源。这不仅提高了用户的阅读体验，还增强了用户对图书馆的依赖和信任。同时，个性化推荐系统还可以根据用户的反馈和行为数据，不断优化推荐算法和模型，提高推荐的准确性和有效性。

（三）智慧化管理的挑战与对策

在图书馆智慧化管理的推进过程中，尽管取得了显著的成效，但仍旧面临着一系列挑战。这些挑战主要来源于数据质量、技术更新等多个方面，而为了克服这些挑战，需要采取相应的对策，以确保智慧化管理的持续发展和优化。

1．智慧化管理面临的主要挑战

一是数据质量问题。数据是智慧化管理的核心，然而，在实际操作中，数据质量问题却成为一个不可忽视的挑战。由于数据来源的多样性、数据格式的差异性以及数据更新的不及时性，导致数据存在准确性、完整性和一致性的问题。这些问题不仅影响了智慧化管理系统的正常运行，也制约了图书馆服务质量的提升。

二是技术更新问题。智慧化管理依赖于先进的技术支持，然而，技术的快速更新和迭代也给智慧化管理带来了挑战。一方面，新技术的不断涌现需要图书馆不断学习和掌握，以适应智慧化管理的需求；另一方面，技术的更新也意味着旧有的系统和设备可能面临淘汰和升级的压力，这需要图书馆投入大量的资金和资源。

2．应对智慧化管理挑战的对策

（1）加强数据治理。为了解决数据质量问题，图书馆需要加强数据治理。首先，要建立完善的数据采集、存储和处理机制，确保数据的准确性和完整性；其次，要制定统一的数据标准和规范，提高数据的一致性和可比性；最后，要加强数据的质量监控和评估，及时发现和解决数据质量问题。

（2）推动技术创新。面对技术更新的挑战，图书馆需要积极推动技术创新。一方面，要关注新技术的发展趋势和应用前景，及时引进和应用新技术，提升智慧化管理的水平和效率；另一方面，要加强与科研机构和企业的合作，共同研发适用于图书馆的智慧化管理技术和系统，推动智慧化管理的创新发展。

（3）注重人才培养和团队建设。智慧化管理需要一批具备专业知识和技能的人才来支撑，因此，图书馆应加大对人才的培养和引进力度，建立一支高素质、专业化的智慧化管理团队。同时，还应加强团队内部的协作和沟通，形成良好的工作氛围和合作机制。

（4）加强与其他图书馆和机构的合作与交流，共同应对智慧化管理的挑战。通过分享经验、交流技术和合作研发，可以推动智慧化管理的整体进步和发展。

第四章 图书馆文献资源的共享 与合作研究

第一节 文献资源共享的原则、内容及方法

文献资源共享是指图书馆的馆藏资源能为社会大众或其他图书情报机构共同享用的知识服务。这种特殊形态的知识服务的实现，需要具备三个条件：有提供文献资源共享的手段和技术设备，有共享的文献资源，有平衡文献资源共享过程中各方利益的相关法律规定、制度规范和实施方案。

一、文献资源共享的意义

在科技飞速发展的今天，信息的爆炸式增长已经使得资源共享成为我们获取知识的关键途径。特别是在图书情报领域，文献资源的共享已经从一个理念逐渐转变为现实，为我们提供了更为广阔的知识获取渠道。这一模式的出现，不仅解决了读者获取文献资料的难题，更在一定程度上弥补了图书馆馆藏文献的不足，具有深远的意义。

首先，图书馆文献资源共享能够有效提升馆藏量。在传统模式下，一个图书馆的馆藏量是有限的，受到物理空间、经费等多种因素的制约。而通过文献资源共享，图书馆可以与其他机构建立合作关系，实现资源的互通有无。这样一来，读者在本地图书馆就能获取到更多的文献资料，无须亲自前往其他图书馆。这种模式的出现，不仅丰富了图书馆的馆藏内容，还大大提高了图书馆的服务质量。

其次，图书馆文献资源共享能够避免重复建设问题。在过去，各个图书馆

为了提升自身的服务水平，往往会进行大量的文献采购。然而，这种模式往往会导致资源的浪费和重复建设。通过文献资源共享，图书馆可以在一定程度上减少这种重复采购的现象，将有限的经费用于更为重要的方面。这样不仅可以发挥最大的经济效益，还能为图书馆的长远发展奠定坚实的基础。

此外，图书馆文献资源共享还推动了图书馆的可持续发展。随着管理观念的不断创新和管理模式的不断升级，图书馆已经不再是单纯的藏书之所，而是成为一个集学习、研究、交流于一体的综合性服务平台。通过文献资源共享，图书馆可以与其他机构建立更为紧密的合作关系，共同推动知识传播和文化传承。这种模式的出现，不仅提高了图书馆的竞争力，还为其可持续发展注入了新的活力。

最后，图书馆的联合加盟是实现文献资源共享的重要途径。通过各图书馆之间的互相合作，我们可以实现社会资源的整合，避免重复建设和投资。这种模式的出现，不仅减少了财力、物力和人力资源的浪费，还提高了整个社会的资源利用效率。同时，各图书馆之间的合作还可以促进文化交流和知识传播，为社会的和谐发展做出积极贡献。

二、文献资源共享的原则

文献资源共享的原则是确定文献资源共享内容和方法的思想基础。只有坚持文献资源共享的原则，才能更有效地利用文献资源，更好地发挥文献资源的作用。

（一）经济效益原则

效益原则体现了文献资源共享中投入与产出的关系。应以最少的投入产出最大的效益。为此，各种不必要的投入都应节约下来，如果实行文献资源共享后所耗费的人力、物力、财力比共享前还要大的话，就失去了文献资源共享的意义。但是，这与必要的投入并不矛盾，相反，对有利于文献资源共享的有关活动，必须投入相应的人力、物力、财力。如建立文献数据库和联机检索网络的投入就必不可少。我们讲究的效益包括经济效益和社会效益两个方面。在投入最少的情况下，应使文献工作人员加工、传递一份文献信息所耗费的时间和资金最小，使用户获得单位文献信息所耗费的时间和资金最小，以体现较高的经济效益，要最大限度地提高文献资源的保障率和利用率，以产生更大的社会效益。

（二）平等互利原则

平等互利原则体现了在文献资源共享中图书情报机构之间的互利关系。因为在文献资源共享网络中的图书情报机构，都为文献资源共享进行了投入和做出了贡献，它们在文献资源共享网络中的地位应是平等的，理应在互利的前提下，相互利用各自的人力、物力和文献资源。某些图书情报机构不应因自己文献资源、技术设备等方面条件优越、优势明显，而以老大自居，更不应向其他图书情报机构提出不当的要求。只有这样，才能正确处理图书情报机构之间的关系，在良好的馆际关系的前提下促进文献资源共享的顺利开展。

（三）互通有无的原则

互通有无的原则体现了图书情报机构在文献资源共享中相互补充的关系。在文献资源共享网络中的图书情报机构，其馆藏文献资源一般都各具特色，即有许多馆藏文献资源是其他图书情报机构所没有的，把这些具有一定特色的馆藏文献资源提供给其他图书情报机构的用户使用，理应是其应尽的义务和应负的责任，做到我有你用、你有我用，这样才能体现互通有无的原则。互通有无的原则要落实到实际行动上。具有某方面馆藏文献资源特色的图书情报机构，要积极主动向别的图书情报机构提供馆藏文献资源收藏信息，以便其他图书情报机构的用户使用。尤其是对于一些稀有、贵重的馆藏文献资源，只要是条件允许，都应积极向使用图书情报机构的用户提供服务，不搞文献资源封锁。否则，就违背了互通有无的原则。

（四）用户第一原则

实施文献资源共享的核心理念在于满足广大社会用户对文献信息的需求，因此必须始终坚持以用户为中心的原则。在这一共享网络中，所有图书情报机构不仅承担向本单位的用户提供文献服务的责任，更应该向社会用户开放文献服务，且以无偿服务为主导，即便在特定项目中采用收费，也不能以营利为目的，以确保文献资源的公平共享。关键是要充分认识到对用户正当需求的满足至关重要。若本单位无法满足用户需求，应主动利用文献资源共享网络，满足用户的需求，以此彰显共享机制的优越性，并进一步吸引更多用户积极利用文献资源。

实施文献资源共享需要加强主动服务意识。现代图书情报机构应树立主动服务的理念，通过多种形式向用户提供文献服务，尤其要充分利用现代通信技术等手段，为用户提供全方位的文献报道、检索、用户培训以及文献数据资源共享等主动服务。

三、文献资源共享的内容与方法

文献资源共享的内容与方法有多种，但确定什么内容和采取何种方法，要根据特定的环境和条件而定。

（一）编制馆藏文献资源联合目录

馆藏文献资源联合目录是揭示和报道一定文献资源共享网内各图书情报机构文献资源收藏状况的重要手段，是用户共享一定网络内文献资源的重要工具。如果没有馆藏文献资源联合目录，用户就不可能知晓共享网络内其他图书情报机构的文献资源收藏状况，也就不便检索和共享网络内其他图书情报机构的相关文献资源。因此，人们在实行文献资源共享时，都十分重视馆藏文献资源联合目录的编制。

1. 馆藏文献资源联合目录的种类

馆藏文献资源联合目录种类多样。从范围上看，有全国性馆藏文献资源联合目录、地区性馆藏文献资源联合目录、系统性馆藏文献资源联合目录；从文种上看，有中文馆藏文献资源联合目录、外文馆藏文献资源联合目录；从学科上看，有综合性馆藏文献资源联合目录、专科性馆藏文献资源联合目录；从时间上看，有现期馆藏文献资源联合目录、回溯性馆藏文献资源联合目录；从文献类型上看，有馆藏图书联合目录、馆藏期刊联合目录、馆藏专利文献联合目录等。不同种类的馆藏文献联合目录，各自有不同的特点和功用，而编制全国性的或综合性的馆藏文献联合目录，更能适应文献资源在更大范围内共享的要求。

2. 馆藏文献资源联合目录的编制状况及措施

在我国编制的馆藏文献资源联合目录中，全国性、综合性的显少，而地区性、系统性的则居多。如编制了大量地区性馆藏外文原版图书联合目录、系统性外文期刊联合目录、地区性馆藏新书通报等。虽然这些馆藏文献联合目录在文献资源共享中起到了很好的作用，但由于还不能全面显示全国范围内馆藏文献资源的详细状况，与文献资源共享的更高要求相去甚远。为此，不同地区、不同系统的图书情报机构，可根据各自的条件和用户需求特点及馆藏文献资源状况，以大局为重，通力协作，在编制本地区、本系统馆藏文献资源联合目录的基础上，逐步编制更多种类的全国性、综合性的馆藏文献资源联合目录，以揭示全国范围内的馆藏文献资源。做到综合与专科、中文与外文、现时与回溯、印刷型与机读型的馆藏文献资源联合目录兼而有之。这样，才能向用户提供种类齐全、数量众多的文献资源共享检索工具。

（二）发放通用借阅证

发放通用借阅证是实现某一地区内文献资源共享的重要手段。这里所说的地区是指国家的直辖市、省属地（市）及规模较大的城市。用户可利用在同一地区内地域相距较近、交通便利等方面的有利条件，携带本地文献资源共享网图书情报机构联合发放的通用借阅证，到文献资源共享网内的任何一个图书情报机构外借或室内阅览其馆藏文献资源。

1. 发放通用借阅证的程序

发放通用借阅证需要一定的程序，其目的在于体现通用借阅证的严肃性和协调性。第一步，文献资源共享网中的图书情报机构首先要有发放通用借阅证的共同意向；第二步，召开文献资源共享网内图书情报机构协商会，确定通用借阅证的管理办法和用户持证借阅规则，在借阅规则中要明确规定借阅范围、借阅期限及损坏、丢失馆藏文献的赔偿办法；第三步，签发通用借阅证，在通用借阅证上，要注明其使用的范围，签发机构盖章方能有效。如无签发机构章，文献资源共享网中的图书情报机构联合盖章也可。

2. 使用通用借阅证应注意的问题

在使用通用借阅证的过程中，一方面，文献资源共享网中的任何一个图书情报机构，都应像对待本单位用户一样，热情而周到地为持证用户服务，并且这种服务应该是无偿的，否则就违背了通用借阅证的通用性。另一方面，要教育用户严格遵守持证借阅规则，一旦发现用户有违犯之处，应给予相应处理，这样，才能保证通用借阅证的严肃性。

（三）馆际互借

馆际互借是图书情报机构之间用互借馆藏文献资源的方式，互通有无，来满足用户需求，达到文献资源共享目的的一种方法。馆际互借除可在本地区、本系统文献资源共享网中进行外，还可超越本地区、本系统文献资源共享网的界限，在更大范围乃至全国范围内进行。但馆际互借双方事先要在自愿的前提下，办理好馆际互借关系方可进行。

馆际互借一般适用于用户在使用本地区通用借阅证不能满足对馆藏文献资源需求时，先由借方向借出方发出需求函，借出方将借方所需馆藏文献资源邮回。馆际互借是在图书情报机构之间进行的，一般不通过用户办理互借手续。

（1）借入。①提出需求：帮助用户形成需求，确定向何处索借，填写索借单，存根存档，寄出索借单。②收到：收到拆包，核对记录，通知用户借走。③支付费用：核对记录，算出应付费用并寄出。④归还：修改借出记录，包装与寄出。

（2）借出。①收到需求：收到需求函与核对借方代号编码，核对索书号，保留索书单。②送出：包装、邮寄。③管理：发出过期通知、违章事项记录。④还回：拆包检查、修改借出记录、归库。

由此可见，馆际互借是一个复杂的互借过程，馆际互借任务大的图书情报机构应有专门负责此项工作的人员。另外，还要制定相应的馆际互借制度，以保证此项工作的正常开展。馆际互借一般应遵循互利、无偿的原则进行，但对于那些承担馆际借出任务繁多的图书情报机构，因其负担了较多的费用，可由借方承担邮寄等所需费用。

（四）馆藏文献资源复制

馆藏文献资源复制是一种比较简便易行的文献资源共享方法。一般是指对于那些使用频率较高，而本图书情报机构又没有收藏的文献资源，可采用复制别的图书情报机构的馆藏文献资源，来满足用户的需求。这种文献资源共享的方法一般是在文献资源共享网中进行的，但如果网中的图书情报机构没有收藏所需的文献，也可复制网外图书情报机构的馆藏文献资源。

馆藏文献复制的程序是，先由需方根据用户的需求向供方发出需求函，供方按需求复制后邮回。当然，如果供方与需方相距较近，需方可直接派人去供方复制。复制的方法有多种，一般印刷型文献可采用静电复制，缩微文献可采用缩微复制，视听文献可采用复录。但在复制馆藏文献资源时应有法律意识，对按规定不能进行复制的那些馆藏文献资源，需方不应向供方提出复制要求，供方也不能复制。因复制馆藏文献供方需要支付设备、材料等费用，所以，供方可向需方收取一定的费用。因这种以文献资源共享为目的的馆藏文献资源复制不同于以营利为目的的文献复制，所以，其收费标准应以收取成本费为限。

（五）编发馆藏文献资源信息内部刊物

编发馆藏文献资源信息内部刊物是一种促使用户主动利用馆藏文献资源，达到文献资源共享目的的一种方法。它是通过图书情报机构编发的馆藏文献资源信息内部刊物，如《馆藏文献资源信息通报》《馆藏文献资源信息汇丛》《半月文献荟萃》《每日文献要闻》等，向社会传递馆藏文献资源信息，在引起用户阅读兴趣的前提下，去主动利用馆藏文献资源。因此，各类型图书情报机构都应十分重视编发馆藏文献资源信息内部刊物，以更好地实现文献资源共享。

（六）文献数据库资源共享

文献数据库资源共享是一种高层次的文献资源共享方法，与传统方法不同。文献数据库是指包含计算机可读的、有组织的文献信息的系统，采用二进制编码方式存储，能够通过网络进行检索和利用。这种资源共享方式相较于传统的文献传播方式，具有更高的效率和更广泛的覆盖范围。文献数据库资源共享主要分为两类：书目数据库资源共享和全文数据库资源共享。发达国家和我国都已建立了一定数量的文献数据库，但未来我国应该将重点放在全文数据库的建设上。全文数据库的建设意味着重要且常用的馆藏文献资源将以全文形式提供给社会共享，从而使得信息的获取更加便捷和高效。

随着电子出版物的增加和全文信息技术的成熟，全文数据库将在图书情报机构中得到广泛应用，并成为文献资源共享的重要支柱。电子出版物的增加使得文献数据库的内容更加丰富多样，而全文信息技术的成熟则为数据库的构建和管理提供了更加便利的手段，进一步推动了全文数据库在文献资源共享中的地位。通过全文数据库，研究者和学生可以方便地获取到所需的文献信息，加快了学术研究和教学的进程。同时，全文数据库也为非专业人士提供了获取知识的途径，促进了知识的传播和应用。

第二节　文献资源合作采集与共享合作

文献资源共享在评价图书馆事业发展水平时扮演着重要角色。为了实现这一目标，各成员馆必须具备丰富且特色鲜明的文献资源。其中，合作采集被认为是实现文献资源共享的有效途径之一。合作采集是指图书馆之间在自愿或约定基础上通过分工、协调，使各自负责的专业范围内的文献收集更加系统、完善。这种方式有助于构建一个文献资源共享的框架，从而最大化资源利用率。

一、文献合作采集

合作采集的核心在于形成一个整体，将各个成员馆的文献资源有效整合，并通过合作采集方式实现资源共享。这种采集方式使得各成员馆能够集中精力在其专业领域内，深入挖掘、收集、整理文献资源，从而提高文献资源的质量和数量。而通过协调采购，图书馆可以避免文献资源重复购买，从而节约经费。此外，合作采集还有助于弥补单个图书馆文献收集的不足，提升了整体文献资源的完备性与广度。最终，这种集体努力构建起的合作采集网络，为用户提供了更广泛、更丰富的文献资源服务。

（一）文献合作采集的意义

1. 文献采集分工

分工收藏是图书馆文献管理中一项关键举措，旨在确保不同地区或系统对特定学科、类型、文种的文献资料有较完整的积累。这种分工有助于控制复本率和扩大文献订购品种，从而保证了系统性和完整性。通过分工，图书馆可以避免重复购买相同的文献资料，从而更有效地利用有限的经费资源。分工收藏也有助于确保不同类型、不同学科的文献资料得到充分的覆盖，为读者提供更丰富的阅读选择。

2. 合理使用经费

合理使用经费是图书馆管理的重要原则之一，分工采购是实现这一原则的重要途径之一。通过分工采购，图书馆可以更加合理地利用文献经费，集中购买重要书刊，并通过互借等方式满足读者需求，从而提高经费的利用效率。此外，分工采购还可以缓解各馆经费不足的问题，提高藏书质量和经济效益，避免误购、重购等现象的发生，有助于形成各图书馆的馆藏特色。

3. 满足读者需求

为了满足读者的需求，图书馆需要提供最好、最便利的寻书导向，以最大限度地提高文献资料的利用率，节省读者的时间。通过引入现代化的图书馆管理系统和信息检索技术，图书馆可以实现文献资料的快速检索和定位，为读者提供高效便捷的阅读服务。此外，图书馆还可以通过建立读者反馈机制，不断改进服务质量，更好地满足读者的个性化需求。

4. 采集网络建设

采集网络建设是推动图书馆文献资源共享和合作的重要手段之一。通过建立合作采集网络，图书馆可以促进重点学科资料中心的建设，有利于中心馆重点学科的藏书建设，逐渐形成文献资料中心，为地区乃至全国范围内的读者提供更丰富、更全面的文献资源。同时，采集网络的建设也有助于减少重复采集，提高文献资源的利用效率，推动图书馆的现代化建设。

5. 联机服务

联机服务是推动图书馆工作跨入新阶段的重要举措之一。通过计算机管理和联机服务，图书馆可以提高文献资料的工作效率，为读者提供更便捷的阅读服务。例如，通过建立图书馆网站和数字化资源平台，读者可以随时随地访问图书馆的文献资料，实现线上借阅、续借等功能，大大提高了文献资源的利用率和图书馆的服务水平。

（二）文献合作采集的产生、发展与模式

文献合作采集作为一种历史悠久的合作模式，早在19世纪末便已有了先例。例如，美国芝加哥的约翰·克里拉图书馆和纽柏利图书馆在1896年开始了合作采集，分别专注于收藏科技和文史哲图书。这种合作模式的多样性体现在组织形式和内容两个方面。

从组织形式看，文献合作采集可以分为国家间、全国性图书馆间、地方或系统图书馆间的合作。国家间的合作往往涉及跨国界的合作，如国际合作项目，旨在共享各国的图书馆资源，以促进文化交流与知识共享。全国性图书馆间的合作则是在国内范围内展开，如中国的国家图书馆与各省市图书馆之间的合作，致力于建立更加完善的文献资源网络。地方或系统图书馆间的合作则更加局限于特定地区或系统内的图书馆，以解决地方性或系统性的文献资源不足问题。

从内容看，文献合作采集涵盖了各种类型的文献资料，包括图书、期刊、书刊、声像资料等。这些合作采集的内容形式多种多样，相互交叉，不可分割。例如，一个合作项目可能既涉及图书的合作采集，又包括期刊或声像资料的共享，以确保合作项目的全面性和完整性。而在具体操作中，这些不同形式的文献资源往往需要结合起来，以满足用户的多样化需求和信息获取的全面性。

1. 国家与国家之间的文献合作采集

国家与国家之间的文献合作采集在历史上并不多见，主要有北欧和东南亚等地区的一些国家开展过合作采集。前面第二章、第三章我们提到的北欧"斯堪的亚计划"、东南亚国家图书馆和文献中心联合体就属于这一类。

"斯堪的亚计划"是1954年由丹麦、挪威、瑞典和芬兰四国共同制订的。这是一个国家与国家间的文献合作采集计划。参加这一计划的有上述四国的13所国立图书馆、大学图书馆和专业中心图书馆。其目的在于文献采集的分工合作。它的构思是无须额外投资，自愿参加，所提供的科学技术出版物不是全世界所有的，但也是最齐全的。它的重点是采购相邻国家的期刊。分工的基本原则是部分根据学科领域，将其分派给各个特定的图书馆；部分根据地理或语言区域，由每个参加国负责从某一国家购买和交换文献资料。后来冰岛也加入了这一合作采集计划。

东南亚几个国家的文献合作采集，是1978年7月至1979年8月，由马来西亚、菲律宾、新加坡、泰国、印度尼西亚等国家政府批准成立的东南亚国家图书馆和文献中心联合体（NLDC-SEA）负责主持。这个联合体的目标之一，就是在上述地域范围内高效率地从各成员国获取所有的文献资源（保密文献除外）。它强调每个国家都应收集其国内的出版物，为的是使这些出版物不仅在国内得到利用，而且也为联合体其他成员国所用。

2. 全国性的文献合作采集

所谓全国性的文献合作采集，就是指参加文献合作采集的图书馆，其范围涉及全国许多地区和系统，其合作采集业务由全国性图书馆或全国性图书馆团体主持。这里仅就世界一些主要国家的全国性文献合作采集做一简要介绍，有关中国的文献合作采集集中在后面论述。

（1）美国。美国的全国性文献合作采集开展早，主要的文献合作采集活动如下：

①法明顿计划。法明顿计划是美国20世纪著名的文献合作采集计划。该计划原来的构想开始于1942年，美国国会图书馆行政委员会在康涅狄格州的法明顿市开会，研究有关合作采集的问题。朱利安、包以德呼吁美国图书馆界应积极采集各国具有价值的资料，以供研究之需。此议获得会议通过，定名为"法明顿计划"。1948年正式开始实施，由美国研究图书馆协会主持，有64所图书馆参与，包括50所大学图书馆和美国国会图书馆、国立农业图书馆、国立医学图书馆、纽约公共图书馆、底特律公共图书馆等。这是一个自愿参加的计划。

该计划主要的目的是采集世界各国出版的重要及学术著作，保证至少有一本在美国的图书馆中，采集的范围包括近100个国家的文献资料。但开始时，只着眼于西欧的资料，至1952年，该计划进行了修改，将亚洲、拉丁美洲、非洲、东欧及近东地区都扩充进去。各馆采购到的图书尽快分类、编目，列入美国国会图书馆的国家联合目录（NUC）中，以便于各图书馆馆际互借。

该计划的合作方式有两种：第一种是指定采集的学科，如加州大学图书馆负责采集澳大利亚及新西兰历史、葡萄牙文学及西班牙语文等，伊利诺伊大学图书馆负责各国出版的有关图书馆学方面的著作；第二种是指定采集的国家或地区，如哈佛大学图书馆负责购买阿富汗、斯里兰卡等国的图书。

该计划由于和美国国会图书馆全国性采集计划有重复，各图书馆经费紧缩，许多图书馆以指令统购方式向国外购买大批图书，加上执行时缺乏审慎的督导，因而在1972年宣告结束。

②拉丁美洲合作采集计划（LACAP）。这项计划和法明顿计划有关，由于参与该计划的有些图书馆重视拉丁美洲的出版品，这些图书馆觉得有必要每年集会讨论有关拉丁美洲图书资料的采购事宜，因而于1956年在佛罗里达州首次召开拉丁美洲图书资料研讨会。会中决议由书商办理合作采集的业务。该计划在1960年正式实施，但由于书商的业务减少，其他采集计划重复、费用高、退书太多等因素，因而于1972年和法明顿计划同时结束。

③48号法案。许多年来，美国一直将剩余农产品卖给许多国家，这些国家

被允许用本地基金或与援助额相等的配套基金来偿还。为此，美国积累了大批非军事或外交目的所需的贷款。1954年，美国国会通过"农业贸易发展暨补助法案"，授权美国国会图书馆馆长在国会决议指定用途的限度内，运用美国所拥有的外汇，购买外国出版品，以及在美国各图书馆设置资料的寄存地。48号法案是上述法案于1958年的修正条款，自1961年开始实施。该法案计划采集的外国出版品国家有锡兰（今斯里兰卡）、印度尼西亚、以色列、尼泊尔、巴基斯坦、阿拉伯联合酋长国及南斯拉夫等国。在1962年到1972年之间，共收进图书资料1575万件。由于外汇数字不定及萎缩，后来该计划和"全国采集暨编目计划"合并。

④全国采集暨编目计划。美国1965年高等教育法案授予美国国会图书馆经费，使该馆尽可能采集世界各国出版的对学术研究有助益的图书资料，并迅速提供书目讯息。该计划在1966年开始实施，由于和外国的国家图书馆合作，因而可以加速采集、编目的合作。有90多所图书馆参与该计划，涵盖的地区有24国。1980年的经费为1300万美元。采集的图书资料遍及欧洲、亚洲、非洲及拉丁美洲，可以说是历史上规模最大的全国性合作采集计划。

⑤研究图书馆中心（CRL）。研究图书馆中心成立于1949年，该中心原来的规划主要有四项：作为会员图书馆储存罕用研究资料的中心；作为图书资料的集中机构，资料放置在中心，而费用由会员图书馆分担；作为图书资料的集中采购机构，而资料储存在各会员图书馆；作为图书资料的集中编目机构。到20世纪80年代末期，该中心只实现了前两项功能，即作为图书资料的合作采购及储存机构。20世纪80年代末，该中心已有馆藏361万册，缩影资料110万件。会员包括美国及加拿大地区133所学院、大学及研究图书馆。采集的政策由会员图书馆决定。

（2）英国。20世纪40年代末期，英国图书馆合作采集的重点是馆藏复本的控制，以及如何填补各图书馆之间馆藏的不足。最后图书馆之间达成协议，采用合作的方式，尽力将英文及外文资料采集比较完整。各地区对于现行英国出版的资料，以自足为原则。1949年，英国图书馆学会的图书馆研究委员会成立"图书馆图书、期刊、研究资料合作采集的附属委员会"。该委员会从1949年至1957年先后提出三份计划，计划将全英国图书馆文献合作采集构成一个整体。英国图书馆文献合作采集的基本模式如下：

一是以学科或区域为基础的文献合作采集。1962年，非洲图书资料常设会议制订了一项计划，由22个成员馆分别负责从非洲某些国家和地区采集图书资料，包括以商业为目的的出版物、政府出版物、小册子等。

二是以图书资料类型为基础的文献合作采集。伦敦33所公共图书馆，制订了一个大伦敦声像资料主题分工计划。这是一个合作采集和储存声像资料的计划。

三是以图书馆类型为基础的文献合作采集。国家图书馆和大学图书馆常务会议（SCONUL）设有若干小组，如拉丁美洲组、南斯拉夫及东欧组。这些小组就可进行文献合作采集。类似的情况还有图书馆协作常务联席委员会，它曾制订过回溯资料的收集计划，参加此计划的大约有40所大学图书馆，分工收集1800年前各个时期（一般为10年）内的英国图书资料。

四是文艺小说的合作采集。大都市文艺小说联合收藏计划，要求伦敦的每一所公共图书馆按照所分配的作者姓氏字母表购买和储存这些作者的著作。国家的文艺小说联合收藏计划同时实施，但只作为国家的后援。

五是期刊的合作采集。英国采用集中式的馆际合作制度，由附属大英图书馆的文献供应中心负责全英的期刊馆际合作。20世纪90年代初，该中心期刊的馆藏达228 000种，现刊有53 000种，已采集世界上各国重要的学术性期刊。由于中心的馆藏期刊丰富，因而该国80%以上的馆际互借都是通过该中心。

（3）德国。第二次世界大战后，德国分为德意志联邦共和国和德意志民主共和国，1990年10月3日两德统一。这里介绍的，主要是前联邦德国的一些文献合作采集的情况。

前联邦德国有一个国家的采集方针和采集计划，其发展和管理由德国科学基金会（DFG）负责。

1949年，DFG制订了"专门学科收藏计划"，在这个计划中，采购外文资料的正式责任分给了几所已经建成的主要专业图书馆。这些责任馆得到了 DFG提供的经费支持。后来这个合作采购计划扩大了，包括汉诺威、基尔、波恩和科隆的四个中心专业图书馆，17所大学或学院图书馆以及30多个专业图书馆。所有这些受DFG支持的图书馆都有责任按国家级水平提供各自领域的文献。应该说明的是，这些领域不仅包括犯罪学这些常规学科领域，而且包括地理区域，如东南亚。中心专业图书馆具有专门的国家图书馆功能，并且在它们的专业领域中保持了包罗无遗的采集方针。目前，四个中心专业图书馆所包括的领域有技术、农业、医学和经济。

教育领域没有设立中心专业图书馆，由DFG和埃尔兰根大学图书馆合作，负责教育专业藏书的发展。也可称为第五个中心专业图书馆。

30多个专业图书馆，为少量的研究人员收集他们感兴趣的资料。这些专门学科图书馆主要是各研究所的图书馆，它们是通过大学图书馆同主要系统取得联系的。这个系统中的17所大学或学院图书馆致力于收藏人文科学和社会科学的文献，这是根据它们现有的丰富馆藏而定的。这后两类图书馆对本单位、本地区以及全国都负有提供文献的责任。

重点采集或优先中心的现行合作采集方针都体现了下列建议：①收集文献（包括缩微品）尽可能包罗无遗；②采购那些为国际文摘机构和情报服务部门通常引用的杂志；③订购全套的综合性和专业性的书目工具；④和每个学科的情报机构紧密合作；⑤使采购的资料能在全国免费使用，当地方与国家的需要有重复时，可以复制资料；⑥应该使非常规研究资料和其他有关研究资料在藏书中占有较高的比例；⑦更广泛地采购纯理论性文献和"普通文献"的样本作为研究的资料来源；⑧应注意使国际合作采集计划同国家系统协调一致。

为了发现采集系统的缺漏并使其能做相应修改，DFG建立了一个连续的反馈程序。采购外文文献和其他特藏资料的经费是按照下述的一般规定提供的：25％的经费由本馆提供，75％的经费由德国研究学会提供。然而也有一些例外，例如，在五个中心专业图书馆中，有关德语文献采购任务的比重很高，因为这些图书馆得到DFG的专门补贴。还有12个每年都要补充大量专门藏书的图书馆，DFG也为它们所需的额外人力提供经费。

1978年，DFG为专门的藏书领域提供了480多万西德马克的经费，其中400万西德马克用于文献采购，40万西德马克用于人员费用，其中约3万西德马克用于采集及科研行政费。1979年DFG将1900万西德马克的一半以上用于改进国家级别文献采购的水平。

此外，DFG还为人文科学资料的回溯性采购专门计划提供了经费。17个有专门藏书领域的大学或学院图书馆得到了补充经费（一年67万西德马克），以便采购人文科学和科学史的文献。否则，这些文献在西德通过馆际互借是借不到的。1978年开始实施这个计划的另一部分，这主要是指采购那些作为科研重要资料来源的旧出版物。

　　除了上面所述的计划外，还有其他大型图书馆计划。西柏林的州立普鲁士文化基金会图书馆尽力收集国内外科学期刊和文献，它收藏的专著主要是人文科学方面的。而在南部与之相对的巴伐利亚国立图书馆主要收集经常需要利用的研究文献。普鲁士文化基金会图书馆，由于当地的资助者寥寥无几，只得更多地追求超地区性活动。法兰克福的德意志图书馆在整个联邦德国的图书馆系统中具有重要意义，但是由于它的藏书仅供查阅，因此它在"世界性出版物收集与利用"计划中的任务肯定受到了限制。

　　（4）智利。智利的大学图书馆1991年也进行了一项研究计划：如何使大学图书馆合作采集期刊并分享使用。该项计划建议成立一个中心负责大学图书馆期刊的采集。该中心将提供下列的服务：①期刊采集的集体协商，负责和期刊代理商洽谈订费、折扣；②提供新知选粹服务，大学图书馆对新收到的期刊有兴趣，该中心可提供该期刊的目次页，如果个人对某一学科的期刊有兴趣，当收到期刊后，也可提供目次页；③更新期刊联合目录；④影印期刊文章。

　　3．地区、系统之间的文献合作采集

　　地区、系统之间的文献合作采集，其范围不是全国性的，只涉及某些地区和某些系统。这类合作采集很多，只能选择一些做些介绍。

　　（1）美国的地区、系统之间的文献合作采集。从世界来看，20世纪图书馆地区、系统之间的文献采集合作，以美国最为活跃，80年代初期就达375个。现选择几个具有代表性的地区系统介绍如下。

　　①纽约大都会市政的参考研究图书馆系统。纽约大都会市政的参考研究图书馆代办处（METRO）的80所图书馆之间有一个合作采购计划。计划规定成员馆将它们预算的0.5％作为合作采购的资金。依照大都会市政的合作采购程序，委员会规定，这笔经费根据各馆馆长的建议，用于采购价值200美元以上的图书资料。连续出版物和期刊不在考虑购买的范围之内。凡被采购的资料均收藏于各成员馆，并由该馆提供使用。这个计划的目标是建立在成员馆现有馆藏的实力基础之上的，使那些既需要但任何机构又无力单独购买的资料有可能得到采购。原先，每个馆都只对本馆馆藏进行编目，后来则雇用全日制的编目员工作，并出版藏书目录。

　　②区域医学图书馆网络（第九区）。国家医学图书馆首先创立了区域医学

图书馆系统。第九区包括得克萨斯州、阿肯色州、路易斯安那州、俄克拉荷马州和新墨西哥州。在这个区域中由12个有实力的图书馆实行了一项合作采购专著计划。图书馆同意购买所预定和为他们指定的出版商出版的全部图书。为执行这项合作计划所选定的出版商，是按他们几年来为图书馆新提供图书的平均数排列的。这项计划对图书的复本有所限制，但不想完全排除。该计划起源于早期的单项期刊采集计划。

区域合作采购同国家计划没有正式关系，但国家医学图书馆被认为是网络中的主力馆。虽然各馆的采购任务是根据资料的多少来分配的，但是这项合作采购计划所需的经费还是由各馆从自己的预算中支付。

第九区计划的进展状况是通过对参加馆之间馆际互借的分析来考察的。

③美国科罗拉多州研究图书馆联盟（简称CARL）。该联盟是1974年科罗拉多州各图书馆馆长为促进彼此间合作而设立的一个非正式组织。最初的工作之一是编制期刊联合目录。1978年，CARL由6所图书馆正式组成一个非营利性的组织，以加强及促进该州图书馆的业务。1981年，该组织推出的电脑化系统命名为CARL。

UnCover是CARL期刊子系统的一部分，资料库中收录有各图书馆订阅的期刊14 000余种。这些期刊由代理商或出版商先寄到CARL总部，由专人登录，并将期刊目次及各篇文章的书目资料输入到资料库。登录后的期刊再寄到订阅的图书馆。各图书馆收到期刊，即可从电脑线上查检期刊的目次和各篇文献的书目资料。因此，各馆可向读者提供馆藏目录、期刊目次及期刊论文三项合一的服务。

为了更便于使用者找到所需的期刊原文，CARL组织进一步将期刊原文的传递服务合并在该系统中，称为UnCover2。1991年8月开始这项试验，使用者在UnCover系统查到的期刊论文，可以要求以传真机传递期刊的原文。UnCover2的服务全年开放，每天24小时，从星期一到星期五每天都可以在24小时内传送文件。如果在资料库中已经存有这一篇文章的全文，更可以在1小时内传送到使用者的手上。

④加利福尼亚大学图书馆系统。加利福尼亚大学的8所分馆和加州州立大学、学院系统的19所分馆中的16所，组成了包括采购在内的两个区域合作组织。北部的合作组织以加州大学的伯克莱分校为中心，南部的合作组织以加州

大学的洛杉矶分校为中心。这两个中心都保持它们重要的研究图书，但其他24个图书馆中的每一所馆只能在它们专业范围内采购罕用的资料。这些专业范围反映了本校的学科和研究状况，而且专业的全部领域都被包括在内，但这两个组织都不保存复本。纵横交错的卡车和公共汽车系统把书和读者从一个校园带到另一个校园。

（2）英国的地区、系统之间的文献合作采集。地区规模的大小相差很大，系统中参加馆的数量也可能差距很大。协调采购也许只是系统许多目标中的一个，而且也不一定处在很优先的地位。英国许多图书馆的协作群体就是属于这种类型。然而，自第二次世界大战以来，英国已发展了四种类型的地区级协调采购计划。第一，学科专业化计划，保证对英国出版的非小说资料的广泛采购；第二，小说采购的合作计划，能不断地获得绝版的小说；第三，外国语言文献以及现在所谓的"少数民族图书"的采购计划；第四，视听资料的合作采购计划业已获得发展。

（3）前联邦德国的地区、系统之间的文献合作采集。前联邦德国的地区级系统的基础，可以用诺德海姆威斯特法伦的情况来说明。地区级的采购计划仅限于期刊的采购，只涉及没有良好文献服务的那些狭窄的学科领域，注重专业性很强、不经常使用的文献。计划不仅包括德国期刊，也包括外国期刊，对国内文献的采购标准比较宽。这一计划致力于地区内文献自我满足的目标，并没有和国家的采集计划争高低，事实上只是拓展了地区的收藏范围。

可以把整个情况比作一座金字塔。底部是大学图书馆，它在其专业领域内以使用率高的期刊满足读者需求；在顶部是德国研究学会主持的国家采集计划之内的特别藏书，包括使用率较低的文献；而地区级的采购计划是为中间层次服务的。

（4）苏联的地区、系统之间的文献合作采集。1966年，苏联关于全苏科学技术情报系统的法令强调合作采购。目的是在一个加盟共和国、大区、地区及分区的等级上，建立一个共同的图书馆馆藏。这样能在分区或地区的等级上建立一个包括大量专业藏书的、能相互补充的、有特效的综合性藏书体系。比如在吉尔吉斯加盟共和国，有25个组织负责共和国级的藏书。协调采集计划由全苏各部的特别中心和技术图书馆制订。

（5）澳大利亚的地区、系统之间的文献合作采集。澳大利亚新南威尔士的

"采购计划"是地区级大型采购计划之一。这一计划是于1967年由澳大利亚国立图书馆和新南威尔士的5所大学图书馆共同制订的（大约在1970年澳大利亚国立大学也参与了这一计划）。这个计划根据地理环境把世界划分成若干区域，重点采集现行出版的文献，如政府出版物、统计资料、连续出版物，计划的目标是保证地区在参考资料方面的自我满足。

4. 我国文献合作采集的发展与模式

我国的文献合作采集工作起步并不晚。1957年，国务院批准公布了《全国图书协调方案》，决定在国务院科学规划委员会下设图书小组，负责全国图书馆的协调工作。当时，成立了北京和上海两个全国中心图书馆委员会和一些地区中心图书馆委员会。各中心图书馆委员会的成员馆按其收藏重点，在采集、互借、交换、调配等方面进行了分工合作，尤其是在外文原版书、刊的合作采集方面取得了很大成效，复本率大大降低，品种数量大大增加，既节约了外汇，又扩大了文献的覆盖面，提高了文献利用率，取得了明显的经济效益和社会效益。但1976年后由于历史原因，全国和各地区中心图书馆委员会无法继续开展工作，合作采集工作也就随之而停止了。

20世纪70年代后期，我国的图书馆事业又开始呈现出欣欣向荣的新局面。到80年代，在图书馆界形成了一个理论研究高潮。开展文献合作采集、实现文献资源共享已成为人们的共识。湖南、吉林、山东、浙江、江苏等省和地区都先后成立了外文图书采购协调研究会（或小组），开展了卓有成效的工作。但始终未取得根本性的进展，已有的文献合作采集组织有的甚至已名存实亡。相对而言，外文原版期刊的采集协调工作开始得晚一些，但局面却与图书的采集协调大不相同。在全国期刊工作研究会之下，各省（含一些地区和行业）都成立了期刊工作研究会，每年都定期进行外文原版期刊的采集协调、召开期刊工作学术研讨会，搞得颇为有声有色。

然而，在合作范围、规模、水平和实际成效等诸方面，我国的文献合作采集都远远落后于国外，更远远落后于形势的要求。不过，我国的文献合作采集事业毕竟在前进、在发展，只要我们总结经验教训，就会取得根本性的进步。

（三）文献合作采集的保障措施

1. 更新观念、统一领导

任何一个图书馆都要在文献采集的观念上有所更新，即不把"馆内没有收藏"视为服务的终点，而应进一步做好文献的采集工作。把文献采集的"大而杂"变为某些学科、某些部分，"小而全"把分工采集变为整体不可缺少的部分；把各馆一般化的收藏，变为各有特色的收藏；把部分视为系统不可分割的一部分，坚持整体大于部分之和。这样就不会把合作采集拒之门外。而要使文献合作采集坚持下去，并不断完善与发展，有权威的、强有力的领导也是重要的。实践经验表明，完全是民间性质、完全采取来去自由的自愿原则，是不可能搞好文献合作采集的。

2. 业务工作标准化、信息传递现代化

业务工作的标准化是开展馆际协作协调的基础。长期以来，《中图法》《科图法》和其他分类著录标准并行，给联合目录和机读目录的编制及网络化进程和资源共享造成了极大困难。因此，有必要统一采用《中图法》。这样，有助于提高检索系统的通用性和检全率、提高文献协调采购的准确度，促进资源共享。

协调采购的过程是一个汇集信息—再反馈的过程，必须及时收集订购信息，经协调后再反馈。文献采集对时效性要求较高。为了加强订购信息及文献信息的传递，采用电话、因特网等方式是十分必要的。尤其是计算机联机检索网络的建立，极大地方便了采集人员和读者了解外单位的馆藏，从而，既为文献合作采集提供了准确信息，又可充分发挥合作采集的效益、实现资源共享。

3. 树立全局观点

文献合作采集也就是说既要尽义务，又可得些好处。多个图书馆合作，既要考虑各个成员馆的原有基础，又要做到"互利互惠"。否则，一味冀求他馆之助或只能尽义务而得不到他馆的好处，都可能使合作采集难以为继，更谈不上推广深化了。然而这种"互利互惠"，又不是绝对的平均，特别是各馆的基础与条件不完全相等，购书经费有多有少，文献交换面有宽有窄。因此文献合作采集只能要求义务与权利大体上均衡。要强调从全局出发，不能过于计较单位利益的得失。对那些积极参加、积极利用合作采集网络的单位与个人，都应予以表扬或奖励。也就是说，无论是何种形式的合作采集，都有了发展壮大的可靠基础。

（四）文献合作采集的具体操作与注意问题

在文献合作采集过程中，为确保工作的顺利进行和各成员馆之间的有效协作，需要遵循一系列具体的操作步骤，并注意相关的问题。

第一，在具体分工之前，必须进行深入的调查研究。这一阶段的关键是掌握各参与图书馆的馆藏现状，包括但不限于各馆的藏书量、藏书特色、重点收藏领域等。同时，还要明确合作的目标、宗旨以及可能面临的挑战，如地理位置差异、经费分配问题、馆藏重复情况等。通过细致的调研，可以为后续的合作奠定坚实的基础。

第二，制定合作发展馆藏的方针政策。这需要根据各成员馆的实际情况和整体发展目标，划定各馆在文献收集上的具体类型、学科范围以及藏书级别。方针政策的明确有助于确保采集工作的有序进行，减少冲突和误解。

第三，在制订文献合作采集计划时，应设定中程及远程的目标。目标的设定要切实可行，既不能过于保守，也不能过于激进。通过分阶段实施计划，可以及时调整策略，确保项目的稳步推进。

第四，各成员馆必须提供详尽的馆藏目录索引资料。这些资料是编撰联合目录的基础，只有保持其时新度，才能有效避免重复采购。联合目录不仅是资源共享的工具，也是各馆之间相互了解、沟通的桥梁。

第五，签订合作协议是确保各方权益的重要步骤。协议应明确规定各方的权利、义务以及违约责任。此外，协议的遵守不仅仅体现在字面上，更需要通过馆内宣传，让每一位工作人员和读者都能理解并支持这一合作形式。

第六，参与文献合作采集的单位应定期举行会议。会议的目的在于沟通意见，及时解决分工实施过程中出现的问题。定期的会晤不仅有助于增进互信，还能提升整个合作项目的效率和效果。

第七，参与单位在做好分工范围内的采集工作的同时，也要关注自身的馆藏发展。只要不与合作计划发生冲突，各馆自身的采集计划仍应认真执行。这样做不仅能够丰富各馆的馆藏，还能够避免因过度依赖合作而导致的馆藏失衡。

二、文献资源共享合作

文献合作采集的目的，不仅是使有限的购书经费发挥更好的作用，建立馆藏特色，而且是为了更好地满足更大范围读者的需要。因此，文献资源共享，是文献合作采集的主要目的或最终目的，是文献采集的组成部分，是文献采集资源建设必须研究的内容。

如今，人们动辄提到"信息爆炸"，事实也确实如此。全世界每年出版的图书已超过60万种，期刊亦超过15万种。面对如此浩瀚的信息海洋，在经费有限的情况下，任何一个图书馆都不可能收集全部的文献信息资源。于是，追求小而全、大而全、万事不求人的传统观念和习惯势力已开始全面动摇。不仅如此，各馆还纷纷提出"砍书保刊""砍外文书保中文书""砍不常用刊，保常用刊和核心期刊"，在常用刊和核心期刊中则"砍高价刊，保非高价刊"，等等。这些做法的是非暂且不论，但其不良后果的例子却比比皆是，不胜枚举。因此，图书馆已从理论和实践上认识到：文献资源共享势在必行。

（一）文献资源共享的含义

随着信息技术、网络技术的发展，文献资源共享的含义可分为传统意义的和现代网络条件下的两种。人们普遍把"馆际互借"视作文献资源共享的同义语，其实这是一种不全面的理解。"馆际互借"只是文献资源共享的一种方式或者说只是文献资源共享的一部分。

从传统意义来说，文献资源共享还有发放通用阅览证、通用借书证，读者可到各成员馆的任何一个图书馆去阅览、借书、复印。

现代意义的文献资源共享，其内涵就更丰富了，不局限于馆藏的利用和馆际互借，包括网络文献资源的共享，凡是在网络上传递的文献信息资源，读者均可自由地使用。

（二）文献资源共享的形式

文献资源共享可分为传统形式和网络化形式两种。

1. 文献资源共享的传统形式

传统的文献资源共享形式主要有以下几种：

（1）合作采集。一般都是在某一图书馆群体内，各馆通过深入分析自身的馆藏强项和发展政策，共同制订出合作采购计划。这种方式能够确保对特殊资料给予合理的覆盖，避免资源的重复和浪费。同时，合作清理图书也是一项重要的工作，通过协商剔除不常用的文献，可以维持合适的覆盖面，并保证每种书刊至少收藏一份。这种合作方式不仅提高了资源的利用效率，还加强了各馆之间的交流和合作。

（2）联合提供检索条件。通过联合目录、新书通报等形式，各馆将自身的馆藏资源进行了整合和展示，为读者提供了更加全面的文献信息。读者可以通过这些检索条件，快速找到自己需要的文献资源，提高了文献的利用效率和读者的满意度。

（3）发放通用借书证或建立馆际互借关系。在某系统或某一地域范围内，各馆发放通用的借书证，为读者提供了更加灵活的借阅方式。而在交通不便的情况下，馆际互借关系则发挥了重要的作用。通过为读者办理借阅或复印手续，各馆之间实现了资源的共享和利用，满足了读者的多样化需求。

2. 文献资源共享的网络化形式

（1）合作建设馆藏。这实际上是网络环境下的合作采集与采购协调。各成员馆通过计算机网络，了解网络内各成员馆馆藏建设的情况，在进行本馆馆藏建设时，可考虑到其他馆的馆藏，决定取舍，避免重复，用少量的资金获取更多的文献品种，扩大共同使用范围。

（2）合作编目与编制联合目录。在编目时，各馆可通过终端检索了解在网络中有无某种文献编目。如果已经编目，就不必重复；如果没有，再予以编目，其他馆则可借用。编制联合目录是文献资源共享必不可少的步骤之一，是实现计算机数据库联网的基础，其最终目的是在全国范围内实现资源共享，加快文献资源的开发与利用。

（3）联机互借。各图书馆联网后形成的联机公共目录查询系统应与图书馆的流通管理系统连接。用户检索到一种文献，就要查询相应的文献流通状况。如有借阅要求，即通过联机方式办理图书预约、借阅等手续。正因为联机公共目录查询系统通过广域网络提供远距离检索，故与馆际互借活动产生了联系。各图书馆可通过网络的预约功能、公告栏、传真（Fax）、电子邮件（E-mail）、文件传输协仪（FTP）或邮寄复印件等方式为读者提供文献，也可通过文献传递机构为读者提供图书原件，从而创造出文献情报界在信息社会中新的合作方式——代查、代借、代复制，实现真正意义上的文献资源共享。

（4）联机查询与联机文献信息检索，建立联机公共目录查询系统。提供书刊的联机公共目录查询，读者可在本地、本单位或自己家中，通过多种途径查询所需书刊资料。

通过网络系统，读者获取文献信息不再局限在某一图书文献机构，而是把检索范围扩大到地区、全国乃至世界各国的数据库。各图书馆可通过一致的用户查询界面，为读者提供查询方式多样、功能齐全、技术先进、操作简便的公共检索系统；读者可通过题名、著者、分类、主题、关键词和号码等对网络信息资源进行查询，除可检索到国内资源外，还可获得与之相连的国外信息资源。不仅改变了人们的时空概念，获得全球性的资源共享，对提高图书馆信息服务的质量和数量，促进生产、教学和科研事业的发展，也将起重要的推动作用。

应该指出，形式与模式自然是两个不同的概念，但也有不少相通之处，故在说明文献资源共享形式的同时，亦须介绍一下文献资源共享的模式。概括而言，我国的有关专家已提出了以下几种模式：集中型模式、层次型模式、网络型模式、链式网络层次模式、根状结构模式和多元多层次体系模式等。但是，无论采取何种形式或模式，要实现真正意义上的文献资源共享都不是一件容易的事，都会存在不少的限制、制约因素。例如，就高校图书馆来说，主要的制约因素体现在四个方面：①专业的限制。高校文理工科相通不相同，专业差异很大，即使是同类院校，其专业也各有侧重、自成体系和特色。因此，各馆间可协作协调、互惠互利的文献范围相当有限。②经费的限制。对文献资源共享的需求，经费不足的中小型馆比经费较充裕的大型馆更迫切、更积极，大型馆受惠既少，麻烦却又较多，这种客观落差影响着各馆各时期的态度和热情，致使文献资源共享难以稳步、健康地发展。③时空的限制。分布在不同区域的高校图书馆开展文献资源共享，需支付不少的费用、耗费相当多的时间。如果相互联络、复制、包装、邮寄等的费用多于图书馆重复采购的费用，而且需花太多的时间，不管其经费是否充足，恐怕就都不太愿意进行共享了。④组织管理的限制。目前没有相关立法和不可逾越且行之有效的规范，各校领导的认识程度和重视程度也千差万别，这些都是图书馆文献资源共享的制约条件。

如前所述，尽管开展文献资源共享有许多困难，但既然一致认识到文献资源共享的重要性和迫切性，又有了开展这项宏伟工程的条件和技术保障，只要适当考虑到公平负担的原则，以一个地区乃至全国的大局为重，就可以踏踏实实地把文献资源共享的工作开展起来、坚持下去，并不断发展、完善。

第三节　网络环境下文献资源共建共享

网络技术的普及和深入发展，极大地改变了人们获取、利用和交流信息的方式。文献资源，作为知识的重要载体，其共建共享在网络环境下显得尤为重要。共建共享不仅可以提高文献资源的利用效率，还能有效缓解信息资源的重复建设和浪费现象，促进知识的传播和创新。

一、网络环境对文献资源共建共享的影响

（一）网络环境的特点

随着科技的飞速发展，互联网已经渗透到我们生活的方方面面，塑造了一个全新的网络环境。

1. 信息获取的便捷性

网络环境下，信息获取变得前所未有的便捷。无论是新闻资讯、学术资料，还是生活常识、娱乐八卦，只需轻点鼠标或触摸屏幕，相关信息便能迅速呈现在眼前。这种便捷性不仅大大提高了我们的工作效率，也丰富了人们的业余生活。例如，学生可以利用网络资源快速查找学习资料，职场人士可以随时随地获取行业动态，而普通民众则可以通过网络了解世界各地的新闻事件。

2. 信息交流的跨时空性

网络环境打破了时间和空间的限制，使得信息交流变得更为灵活和高效。通过电子邮件、即时通信软件、社交媒体等工具，我们可以随时随地与世界各地的人进行沟通和交流。这种跨时空的信息交流不仅拉近了人与人之间的距离，也促进了不同文化和思想之间的碰撞与融合。例如，国际学术会议可以通过网络直播的方式让更多人参与讨论，而跨国企业也可以利用网络平台进行高效的团队协作。

3. 信息资源的海量性

网络环境中的信息资源是海量的，几乎涵盖了人类知识的所有领域。从文字、图片到音频、视频，各种形式的信息资源应有尽有，为我们提供了极为丰

富的学习材料和娱乐选择。这种海量性虽然带来了极大的便利，但同时也对我们的信息筛选和处理能力提出了更高的要求。我们需要学会如何在浩如烟海的信息中找到自己需要的内容，并对其进行有效的整合和利用。

4. 信息形式的多样性

网络环境中的信息形式多种多样，既有传统的文字、图片，也有音频、视频、动画等多媒体形式。这种多样性不仅使得信息表达更加生动和形象，也满足了不同人群的信息需求。例如，年轻人可以通过短视频平台获取娱乐信息，而老年人则可以通过网络电台收听新闻和评书。同时，信息形式的多样性也为创意产业的发展提供了广阔的空间，促进了文化的繁荣和创新。

（二）网络环境对文献资源共建共享的作用

随着网络技术的不断发展，网络环境为文献资源的共建共享带来了前所未有的便利和机遇。下面将从四个方面详细阐述网络环境对文献资源共建共享的促进作用。

1. 打破时空限制，实现异地资源的即时访问

网络环境的最大特点之一是信息传输的高速性和跨地域性。传统的文献资源共享往往受到地理位置和开放时间的限制，而网络环境则彻底打破了这一束缚。借助互联网，用户可以在任何时间、任何地点访问到所需的文献资源，无须亲自前往图书馆或信息机构。例如，通过图书馆的在线公共访问目录系统，用户可以随时检索、预约和下载电子文献，实现异地资源的即时访问。

2. 丰富资源类型，满足用户多样化的信息需求

网络环境不仅促进了文本、图像、音频、视频等多种类型的文献资源的数字化存储和传播，还为这些资源的整合和利用提供了便捷的途径。这使得文献资源的共建共享不再局限于传统的纸质文献，而是扩展到了更加多样化的资源类型。用户可以根据自身需求，获取到更加丰富、生动的信息内容。比如，在学术研究中，学者可以通过网络获取到国内外各类学术期刊、电子图书、科研数据等，满足其深入研究的需要。

3. 提供技术支撑，简化资源共享的操作流程

网络环境为文献资源的共建共享提供了强大的技术支撑。云计算、大数据、物联网等技术的应用，使得文献资源的存储、管理、检索和传递变得更加高效和便捷。这些技术不仅简化了资源共享的操作流程，还提高了资源共享的

效率和准确性。例如，通过云计算平台，多个图书馆可以实现文献资源的联合编目和一站式检索，大大提高了资源共享的便捷性。

4. 扩大共享范围，提高文献资源的社会效益

网络环境的开放性和互联性使得文献资源的共享范围得以大幅扩大。在网络环境下，不仅图书馆、学校等公共机构可以参与到文献资源的共建共享中，企业、个人等社会力量也可以参与其中。这种广泛的参与和共享，不仅提高了文献资源的利用率和影响力，还促进了知识的传播和创新。例如，开放存取运动的兴起，使得大量学术研究成果得以在网络环境下免费获取和利用，推动了学术研究的进步和发展。

二、图书馆文献资源共建共享的机制构建

在当今信息化社会，图书馆作为知识和信息的重要聚集地，其文献资源的共建共享显得尤为重要。为了实现这一目标，必须构建起一套科学、合理、高效的机制。下面从组织协调机制、资源共享机制和利益平衡机制三个方面，深入探讨图书馆文献资源共建共享的机制构建。

（一）组织协调机制

首先，建立统一的领导机构是图书馆文献资源共建共享的组织保障。这一领导机构应由各图书馆共同推选产生，具备权威性和代表性，能够统筹全局、协调各方利益。领导机构的主要职责包括制定共建共享的总体规划和实施策略，监督各项工作的推进情况，以及解决合作过程中出现的重大问题。

其次，制定明确的发展规划和实施策略是确保共建共享有序进行的关键。各图书馆应在领导机构的指导下，充分协商、共同制定符合实际、具有可操作性的发展规划和实施策略。这些规划和策略应明确共建共享的目标、任务、时间表和路线图，为各方提供清晰的行动指南。

最后，完善相关的法律法规和政策体系是共建共享的法治保障。在推进图书馆文献资源共建共享的过程中，必须严格遵守国家法律法规，同时结合实际需要，制定和完善相关的政策体系。这些政策应涵盖资源共享、知识产权保护、数据安全等方面，为共建共享提供有力的法律支撑和政策保障。

（二）资源共享机制

资源共享是图书馆文献资源共建共享的核心内容。为了确保资源共享的顺

利进行，必须确立明确的资源共享原则和范围，制定规范的操作流程和标准，并建立起强大的技术支撑体系。

首先，确立资源共享的原则和范围是基础。这些原则应包括公平、开放、互利共赢等精神，确保各方能够平等地参与资源共享并从中受益。同时，应明确资源共享的范围，包括哪些类型的文献资源可以共享、共享的方式和程度等。

其次，制定资源共享的操作流程和规范是关键。各图书馆应共同协商并制定详细的资源共享操作流程和规范，明确资源共享的具体步骤、标准和要求。这些流程和规范应具有可操作性和可考核性，便于各方执行和监督。例如，可以制定统一的文献资源分类和编目标准，实现各馆之间资源的无缝对接和互通有无。

最后，建立资源共享的技术支撑体系是保障。现代信息技术的发展为图书馆文献资源的共建共享提供了强大的技术支持。各图书馆应充分利用云计算、大数据、物联网等技术手段，搭建起高效便捷的资源共享平台。这些平台应具备资源快速汇聚、精准匹配和高效利用等功能，实现资源的最大化利用和价值的最大化发挥。

（三）利益平衡机制

在图书馆文献资源共建共享的过程中，各参与方之间必然存在着复杂的利益关系。为了确保合作的顺利进行和持续发展，必须建立起合理的利益平衡机制。

首先，明确各参与方的权益和责任是基础。在合作之初，各方应通过签订合作协议或章程等方式明确各自的权益和责任边界。这些权益和责任应包括资源的投入、管理、使用、收益分配等方面，确保各方能够按照约定履行自己的职责并享受相应的权益。

其次，建立合理的利益分配和补偿机制是关键。在共建共享过程中，各方投入的资源、承担的风险和获得的收益往往存在差异。因此，必须建立起公平合理的利益分配和补偿机制，确保各方能够按照投入与贡献获得相应的回报。例如，可以根据各方投入资源的数量和质量、承担风险的大小等因素确定收益分配的比例和方式；同时设立补偿基金，对在合作过程中做出重大贡献或承担额外风险的一方进行适当补偿。

最后，营造互利共赢的合作氛围是目标。图书馆文献资源的共建共享是一个长期的过程，需要各方保持密切的合作关系和良好的合作氛围。为了实现这一目标，各方应坚持互利共赢的原则，加强沟通与协作、增进理解与信任、共同应对挑战与困难。同时积极宣传和推广共建共享的成果和经验，吸引更多的图书馆加入合作队伍中来，共同推动图书馆事业的持续发展和进步。

三、文献资源共建共享的挑战与解决方案

（一）文献资源共建共享面临的挑战

在数字化时代，文献资源共建共享虽然为知识传播与利用带来了前所未有的便利，但同时也面临着知识产权、质量控制、信息安全、技术更新与合作意愿等多重挑战。

1. 知识产权保护与侵权风险

随着文献资源的数字化和网络化，知识产权保护问题日益凸显。在共建共享过程中，如何确保文献的合法使用，避免侵权风险，成为亟待解决的问题。例如，一些图书馆在未经授权的情况下，擅自将受版权保护的文献资源上传到共享平台，从而引发知识产权纠纷。

2. 资源质量控制与标准化问题

在文献资源共建共享中，如何保证资源的质量和标准化是一个重要问题。不同图书馆在文献收集、整理、分类等方面存在差异，导致资源质量参差不齐，给用户的检索和使用带来不便。此外，缺乏统一的标准规范也制约了资源的有效整合和共享。

3. 信息安全与隐私保护难题

在共建共享过程中，信息安全和隐私保护问题不容忽视。图书馆文献资源中可能包含用户的个人信息、借阅记录等敏感数据，如何确保这些数据在共享过程中的安全性和隐私性是一大挑战。一旦信息安全受到威胁，不仅可能导致用户隐私泄露，还可能对图书馆的声誉和运营造成严重影响。

4. 技术更新与维护成本压力

实现图书馆文献资源的共建共享需要依托先进的技术支持。然而，随着技术的不断更新换代，图书馆面临着巨大的技术压力和维护成本。如何跟上技术发展的步伐，确保共享平台的稳定性和高效性，是图书馆需要解决的重要

问题。

5. 合作意愿与参与度差异

在共建共享模式中，各图书馆的合作意愿和参与度直接影响项目的推进效果。由于不同图书馆在资源规模、服务水平、经费支持等方面存在差异，导致它们在共建共享中的态度和投入也各不相同。如何调动各图书馆的积极性，形成有效的合作机制，是共建共享面临的重要挑战。

（二）文献资源共建共享的解决方案

为了克服上述挑战，本书提出以下解决方案：

1. 加强知识产权法律法规的宣传和执行力度

首先，针对知识产权保护与侵权风险的挑战，图书馆应加强对知识产权法律法规的宣传和执行力度。通过组织培训、研讨会等活动，提高图书馆馆员对知识产权法律法规的认知和理解。同时，建立严格的知识产权管理制度，规范文献资源的获取、使用和传播行为。对于发现的侵权行为，应及时采取措施予以制止，并依法追究相关责任人的法律责任。

此外，图书馆还可以积极与版权机构合作，推动版权信息的共享和利用。通过建立版权信息共享平台，图书馆可以更加便捷地获取版权信息，降低侵权风险。同时，版权机构也可以更好地了解图书馆的需求和使用情况，促进双方的互利合作。

2. 制定统一的资源质量控制标准和评价体系

为了解决资源质量控制与标准化问题，图书馆应制定统一的资源质量控制标准和评价体系。该体系应包括文献资源的收集、整理、分类、编目等各个环节的标准和规范，确保资源的准确性和完整性。同时，建立资源质量评价机制，定期对共享的资源进行质量检查和评估，及时发现并纠正存在的问题。

在实施过程中，图书馆可以借鉴国际通用的标准和规范，如《国际图书馆统计标准》《国际十进分类法》等，结合自身的实际情况进行制定和完善。此外，图书馆还可以加强与行业组织、专业机构的合作与交流，共同推动资源质量控制标准和评价体系的建立与发展。

3. 采用先进的信息安全技术和隐私保护手段

针对信息安全与隐私保护的挑战，图书馆应采用先进的信息安全技术和隐私保护手段。首先，建立完善的信息安全管理制度和技术防护措施，对用户数据和敏感信息进行加密处理和备份存储。同时，加强对信息系统的安全监测和漏洞扫描，及时发现并修复潜在的安全隐患。

在隐私保护方面，图书馆应严格遵守相关法律法规和伦理规范，确保用户个人信息的合法收集和使用。对于涉及用户隐私的数据传输和共享行为，应采取加密、匿名化等处理措施，保护用户的隐私权益。此外，图书馆还可以开展用户隐私保护教育和宣传，提高用户对隐私保护的认知和自我保护能力。

4. 加大技术研发投入，降低维护成本

为了应对技术更新与维护成本的挑战，图书馆应加大技术研发投入，降低维护成本。一方面，积极引进先进的技术和设备，提升共享平台的技术水平和服务能力；另一方面，加强自主研发和创新能力培养，推动技术的升级和改造。通过自主研发和技术创新，图书馆可以更好地适应技术发展的变化和用户需求的变化，降低对外部技术的依赖和维护成本。同时，图书馆还可以加强与高校、科研机构等的技术合作与交流，共同推动相关技术的研发和应用。

5. 增强合作意识，提高各方参与度

图书馆应增强合作意识，提高各方参与度。首先，建立有效的合作机制和激励机制，明确各图书馆的责任和权益分配方案。通过合理的利益分配和奖惩措施，调动各参与方的积极性和创造力。同时加强沟通与协作能力培养，促进各方之间的良好合作关系和互动氛围的形成。通过定期的交流会议、合作项目等方式增进彼此之间的了解和信任。通过扩大合作范围和影响力，提高共建共享的知名度和认可度，从而进一步促进各方参与度的提升。

第五章　图书馆古籍文献的数字化保护与利用

第一节　古籍文献数字化的意义与价值

作为中国古代文明在图书馆的最直观的体现，古代典籍无疑是各种文献体系中极为重要的部分，也是图书馆得以存在的物质基础之一。数字图书馆建设已经成为21世纪我国图书馆发展的基本趋势，古籍文献的数字化也受到越来越多图书馆的关注。随着文献信息载体向数字化、网络化发展的趋势，古籍的数字化存储和网络化服务将成为我国数字图书馆发展中的一个重要组成部分。

一、古籍的基本认识

（一）古籍的基本类型

古籍的类型划分，尤其是古籍版本的类型划分，数量众多，已成为一门专门的学问。对于图书馆古籍工作者来说，首先应当掌握图书馆古籍工作在书库典藏、分类编目、读者服务方面经常会遇到的一些基本类型，然后再根据工作需要进行深入的学习。

在图书馆古籍工作中，根据古籍的价值、内容、来源、载体等经常会遇到以下类型：普通古籍、善本古籍、地方志、抄校稿本、尺牍、谱牒、舆图、金石拓片、历史档案、专藏等。其中普通古籍与善本古籍是最基本的类型。

1. 普通古籍和善本古籍

普通古籍是相对善本古籍而言的，馆藏古籍总数中除去善本古籍后，余下的就是普通古籍。如中国国家图书馆、上海图书馆等在普通古籍书库的基础上还专门辟有善本书库,许多图书馆还根据古籍的特点设立了古籍阅览室和善本阅览室。

2. 地方志

地方志,通常简称为"方志",是指记述地方情况的史志。这些地方情况包括历史沿革、山川气候、风土人情、名胜古迹等。地方志可以分为全国性的总志和地方性的州郡府县志两类。总志如《山海经》《大清一统志》等,以省为单位的方志称"通志",如《山西通志》,元以后著名的乡镇、寺观、山川也多有志,如《南浔志》《灵隐寺志》。

地方志是古籍中记载一地之史的重要历史文献,许多图书馆都十分重视地方志的采访与收藏。

3. 抄校稿本

抄校稿本实际上可细分为三种古籍类型,即抄本、校本和稿本。抄本是手工抄写的古籍,也称为写本,古代的竹简和帛书可视为最早的抄本。如首都图书馆收藏的鼓词、杂曲等通俗文学书籍中,未经刊印的手抄本就有280余种。校本是指书籍中留有不同版本校勘文字或批语的古籍,也称为批校本。如上海图书馆收藏的清刻本《困学纪闻》二十卷,曾经清代校勘名家顾广圻校勘并在书中过录了清代钱大昕的批校文字。稿本是书籍发表印刷之前的底本,又可细分为初稿本、修改稿本、定稿本和清稿本等。如甘肃省图书馆就收藏有《甘肃通志稿》,湖北省图书馆在1959年所接受的湖北藏书家徐行可捐献的古籍中,就有不少稿本和批校本。

4. 尺牍

尺牍即书札,是古籍中的一个重要类型,特别是许多尺牍长期深藏于书库之中,尚未公开发表,其学术史料价值难以估量。尺牍以明清至民国初年较多,一些图书馆将其列为专藏,如上海图书馆就对馆藏的元代至民国初年的近11万通尺牍辟有专藏,并全部列入善本库中,作为善本看待。民国初年以后的尺牍则归入"中国文化名人手稿馆"中,作为现当代文化名人手稿列为专藏,归近代文献部管理。

5. 谱牒

谱牒是古籍中记载一族一家之史的文献,不少图书馆将谱牒作为古籍的专门类型加以采编、收藏和阅览。例如,中国国家图书馆于1987年专门成立家谱整理小组，编录了《北京图书馆藏家谱提要》《北京图书馆藏满族宗谱叙录》等；上海图书馆建立了专门的家谱书库，并于1996年12月新辟了全国首家"家谱阅览室"，还于1997年11月专门成立了谱牒部，以加强谱牒的采访、服务、研究与开发。

6. 舆图

舆图是指古籍中的单幅历史地图与地图册，由于舆图大小长短不一，且多为卷轴形式，与一般的古籍外形与大小不尽相同，所以在图书馆中多将舆图列为专藏或设专架保管。中国国家图书馆、上海图书馆、广东省中山图书馆、南京图书馆、大连市图书馆等都形成了舆图的馆藏特色。

7. 金石拓片

金石拓片是利用中国传统捶拓方法将历代金石器物上的图像铭文复制下来的一种历史文献，一般分为拓本和拓片，如北京大学图书馆就收藏有缪氏艺风堂和张氏柳风堂的藏拓。

8. 历史档案

历史档案是指图书馆古籍中所包括的民国以前的专人档案、契约表册、手稿函件、诏令奏章、科举试卷、传单文告等。例如，湖南图书馆就收藏有曾国藩、左宗棠、蔡锷等人的手稿、抄本、信札、日记、电讯稿等；大连市图书馆收藏有清代珍贵档案，系顺治至光绪年间的清代总管内务府所收存的诏令、奏章、外国表章、历科殿试试卷等。

9. 专藏

专藏是指在图书馆中列为专门收藏的古籍，一般是指具有特殊来源、文献价值高且自成体系的古籍，如中国国家图书馆的甲骨文专藏、上海图书馆的盛宣怀档案专藏、北京大学图书馆的李盛铎木犀轩专藏、南京图书馆的清末四大藏书家丁丙八千卷楼专藏、浙江图书馆的文澜阁《四库全书》专藏等。

在图书馆古籍工作中，经常遇到的古籍类型还有敦煌经卷、活字印本、丛书、朝鲜本、和刻本、年谱等。以上古籍类型的介绍完全是从图书馆古籍工作的实际出发来进行的分类，如果按照学术研究的角度，应该有更为科学细密的分析方法。

（二）中国古籍的载体

在中国，古籍的载体及其形制要从甲骨金石开始说起。

1. 甲骨与金石

早在4200年前的龙山文化，已经出现了刻在陶片上的文字，这样陶片就成了中国文字最早的载体之一。到了中国的殷代早期，即迄今3500年的时候，人们开始将占卜的文字刻写在龟甲和兽骨（主要是牛的肩胛骨）上，这种卜辞有的多达100余字，其内容包括占卜的时间、占卜者、占问的内容、视兆结果、验证情况等，甲骨卜辞形成之后，由当时的史官专门进行管理。这样就形成了中国文献较早载体的甲骨文献。中国社会科学院历史研究所汇集了1899年以来80年间安阳殷墟出土的甲骨文，编印出版了《甲骨文合集》（中华书局），收录了公私收藏以及流传海外的甲骨共41 956片。此外还有《小屯南地甲骨》（中华书局）以及1977年在陕西发现的周原甲骨。据此可以了解甲骨文献的概貌。1986年至1989年，在西安还曾发现了西汉时期用动物骨头制成的骨签三万多片，总字数达数十万字。

从中国商代开始，以青铜器为载体的文献开始出现。青铜器的类型很多，主要有烹饪器、盛食器、酒器、乐器、水器、兵器、度量衡器等。青铜器上铭文产生的方法是在青铜器浇铸之前，先将需要记载的铭文反刻于器物内范上，然后随器物浇铸而成。铭文的内容多为纪念先祖、记述战功、册命赏赐、誓盟订约等。商代青铜器的铭文字数较少，至西周时铭文内容字数增多，如西周宣王时期的《毛公鼎》，腹内铭文多达32行、499字（一说497字）。中国社会科学院考古研究所于1984年开始编纂出版《殷周金文集成》（中华书局），收录国内外公私收藏的铭文拓片及图像多达1万件，可据以了解金文文献的概貌。

与甲骨文献及金文文献差不多同时，以石为载体的文献开始出现。石刻文献大致可分为碣、碑和摩崖等三种类型。现收藏于北京故宫博物院的石鼓，就是有代表性的古代石刻文献。石鼓又称其为石鼓文，因石形状似鼓而得名，又因其文字内容记载狩猎，人们又称其为猎碣，一般认为是战国时代的秦国刻石。在西安碑林中完整保存至今的唐代《开成石经》，也是著名的古代石刻文献。中国春秋战国时期，人们还利用玉石作为文献的载体，如1965年在山西侯马市晋城遗址所发现的5000多件盟书，就是用毛笔书写在玉石片上的。

有的学者认为，甲骨、青铜器以及石刻等载体的文献还不能算是真正的古籍图书，但由于以上文献载体及其内容与以后的竹帛纸张的载体及其内容有许多内在的联系，而且有些图书馆还收藏有甲骨、青铜器和石刻文献，因此对于以上文献的载体也应有所了解。

2. 简牍与缣帛

继甲骨、金石之后，至晚在战国初期已出现了以竹简为载体的文献。竹简就是竹片，截竹为简，便成为书写材料。由于青竹有许多水分，所以在书写前，先要在火上炙去其汁，以防虫蛀，也便于书写，这道工序叫作"杀青"或"汗简"。一根竹简可以写几十个字，如果一根竹简写不下，可以将竹片的宽度加大，写作两行，或者是增加竹片的长度。一般来讲，儒家经典写在长简上，子部百家的书写在短简上，而国家的法律则写在最长的简上以示庄严。由于一根竹简容纳的字数有限，所以一篇长文章要用许多根竹简书写，中间再用麻绳、丝绳、皮条等横向编连起来，如同现在"册"字的形状。编连的道数有2道、3道甚至4道、5道，依竹简的长度而定。1975年湖北云梦睡虎地11号墓出土的秦代竹简，就是用丝绳3道编连的。有的竹书在编连的最前面用空白简加以保护，这就是后来书籍扉页、护封的起源。

牍是经过书写的版片，如果是一尺见方的"牍"，就称为"方"。方版为木制，所谓"断木为椠，折之为版，力加刮削，乃成奏牍"（《论衡·量知》）。版牍呈四方形，平面比竹简大，所以古时多用其来画图，或记载日历，故今仍有"版图"之称。如1986年在甘肃天水放马滩就曾出土了7幅绘在松木板上的秦国地图。牍也用来记录户籍，或用作通信，所以古时信件也称为"尺牍"，即以其一尺见方而名。

无论是竹简还是木牍，均十分笨重，于是从春秋时期开始，人们使用丝织品作为记录知识的载体。缣帛较为轻便，且篇幅宽长，可根据书写内容随意裁剪和舒卷。帛书的题记方式多与竹简相同，书写后多呈折叠形式。1973年湖南长沙马王堆3号汉墓出土的29件帛书，大部分就是被折叠成一幅幅的长方形状，个别的也有卷在木片上的。

以简牍与缣帛为载体的古籍文献历年来均有所发现，成为古籍文献宝库中的珍品。以《老子》一书为例，除流传千年的今本《老子》外，1973年在长沙马王堆出土了《马王堆汉墓帛书老子》，1994年又出土了《郭店楚墓竹简老子》，从而使《老子》形成了以文献载体相区分的三大版本体系。

3. 纸张

关于中国纸张的发明，一般认为是从东汉蔡伦开始的。自20世纪30年代至

80年代，曾先后在新疆罗布淖尔汉代烽燧亭故址、西安市郊灞桥古墓、甘肃居延肩水金关汉代遗址、陕西扶风县西汉窖藏、甘肃天水放马滩5号墓等处均发现了比蔡伦更早的麻质纤维古纸。其中甘肃天水放马滩1号秦墓出土的秦始皇八年（前239年）地图成为现存最早的纸质文献之一。据《初学记》卷二十一"纸第七"的"事对"载引："桓公伪事曰：古无纸，故用简，非主于敬也。今诸用简者，皆以黄纸代之。"这样，纸作为文献的载体开始逐渐取代了竹帛，成为延续至今的书写印刷的主要材料。

（三）中国古籍的形制

中国古籍的形制从编连成册的竹简和折叠成方的缣帛开始，先后经历了卷轴装、龙鳞装、旋风装与经折装、蝴蝶装、包背装和线装等形制。现存古籍中，又以线装占绝大部分。

1. 卷轴装

卷轴装的古籍形制是伴随着竹帛文献和纸质文献的出现而产生的。古时竹书即多呈卷册状。简册书写完毕，便自左向右卷起，首简的篇题向外，以便检索。1972年由山东银雀山汉墓出土的汉简就是呈卷册的形状。从长沙马王堆汉墓出土的帛书的存放形制来看，也已有将帛书卷在木片上的情况，这些可以视作卷轴装的起始。从先秦至汉代的出土文献及《汉书·艺文志》著录图书时篇卷并称的情况，可以推知当时竹帛并行，而竹书与帛书都有卷轴的形制。[①]

卷轴装的流行普及是在南北朝和唐朝，在敦煌千佛洞发现的数以万计的古写本书差不多都是用的卷轴装。这种卷轴形式一般由卷、轴、缥、带、帙等几部分组成。卷就是卷子本身所用的纸，一般需要经过装裱。轴就是在卷首用一根细木作轴，以便舒卷。隋炀帝时，曾将秘阁中抄写的副本卷子分为红琉璃轴、绀琉璃轴和漆轴三品。卷子首端接上一块质地坚韧的素，称为"缥"，起保护作用。缥头上系一根带子，作捆扎卷子之用。许多卷子书集在一起，用布包上，称为"帙"，也称为书衣。为便于在架上检索，在卷轴的朝外一头往往挂上一块象牙的签，上刻书名和卷数。

2. 龙鳞装、旋风装与经折装

由于卷轴装展卷查检不便，于是从唐代后期开始，卷轴形式开始向册页

---

① 王世伟. 图书馆古籍整理工作 [M]. 北京：北京图书馆出版社，2000：34.

形式过渡。随着雕版印刷术的发明，文献以版面进行印刷，不必如卷子需要连成长卷，即使两面都书写雕印的书页，看起来也十分方便。这种古籍形制先后出现了龙鳞装、旋风装与经折装。现收藏于故宫博物院的唐写本《刊谬补缺切韵》就是目前已知国内仅存的"龙鳞装"的实物，为宋宣和年间装裱而成，后又经明洪武年间重装。这种古籍形制是将一条狭长的命纸作底，以首页全幅粘裱于作底命纸的卷端（右端），第二页接续首页尾，仅以右端纸边粘于命纸上，其余各页均以右纸边依次向左相错粘裱，四相粘处间距均约1cm。这种古籍形制在展卷时，每页鳞次相积，故被称为"龙鳞装"。这种形制虽然没有完全脱离卷轴装，但比卷轴装显然有了一定的进步。它既保留了卷轴装有利于保护书页的长处，也缩短了版面，更便于翻阅。

与此同时，人们针对卷轴装的不足，将长长的纸卷一正一反地折叠起来，成为数寸宽的长方形折子，前后加上较硬质的纸板或木板，包上一层锦、布或彩纸作为书面。从而把原先古籍的卷子形改变成了册页形，使读者可以方便地随意翻到哪一页，从头至尾翻阅一遍也快若"旋风"，于是人们将这种古籍形制称为"旋风装"。这种将纸卷一正一反折叠成册的古籍形制，成为雕版印刷术出现后刻印的佛经常用的形制，因此也有人将这种快若旋风的折子称为"经折装"或"梵笑装"。中国国家图书馆所藏宋刻本《经律异相》就是保存至今的被称为梵笑装形制的古籍。也有的学者认为，旋风装即龙鳞装，因龙鳞装在收卷时，书叶鳞次朝一个方向旋转，宛若旋风，故称。

3. 蝴蝶装

中国古籍形制发展到宋代，出现了"蝴蝶装"的形制。由于折叠而成的旋风装容易断裂，于是人们将印刷的版页中有文字的一面对折起来，不用线订，但以糨糊粘一页页的折缝处，版心向内，单口向外，夹以坚硬的护面书衣，揭之左右对称，状如蝴蝶展翅，因此称为蝴蝶装。如中国国家图书馆所藏宋版《册府元龟》《欧阳文忠公集》等，都是宋时的蝴蝶装原装。1991年在银川贺兰县西夏方塔中发现的西夏文佛经《吉祥遍至口和本续》也是采用的蝴蝶装。蝴蝶装以其独特的装帧形式形成了宋版装帧精良的特点。在蝴蝶装中，已经初步形成了古籍书版行格体例，如版心、书口、书背（书脊）、书根、书头、书衣、书签等。

4. 包背装

中国古籍形制发展至南宋后期，又出现了"包背装"，这是对蝴蝶装的改良和发展。由于蝴蝶装版心向内，书册打开时，常常会遇上空白无字的背面，使人不免生厌；而用糨糊粘每页的折缝也费时费力，于是人们又创造了包背装。这种古籍形制是将书页中无字的一面对折起来，版心向外，单口向内，然后用纸捻穿订成册（但不穿孔订线），再用糨糊在后背裹上书皮，因此这种古籍形制也称为"裹背装"。中国国家图书馆所藏南宋刻本《文苑英华》就是现存最早的包背装实物，其书衣上有"景定元年十月装背臣王润照管讫"字样。中国历史上最大的类书明代的《永乐大典》和清代大型丛书《四库全书》也都是采用包背装的装帧形式。因为包背装书口朝外，为了便于保护书口，只宜采用软式封面，同时在书柜上也多用平放的形式，而不采用直立插架的形式。包背装采用糨糊和纸捻粘接书页，外面同时包有结实的书皮，较之以往的古籍形制有所进步。

5. 线装

古籍包背装采用了糨糊、纸捻和书皮后，书页之间的黏结力问题依然没有得到根本解决。书籍存放的时间长了，或者翻阅的次数多了，书页还是要脱落、破散。为了解决书页之间的牢固问题，从明代中叶开始，线装开始逐步取代了包背装。线装书的折页方法和版心方向与包背装相同，两者的不同点表现在两个方面：第一，线装不单纯靠纸捻和糨糊，而是靠打洞穿线来固定书页，即除了纸捻外，还要按照书本的大小宽窄，用锥子打若干个洞眼，有四眼、六眼或八眼的不同，然后再穿上棉线或丝线。有些书则只订线，不另穿纸捻。第二，线装不用整幅书皮包背，而是把书皮切裁成与书页大小相同的两张纸，分别用作封面与封底。书页用纸捻固定后，盖上封面、封底，打洞穿线，就可以装订成册了。为了保护书籍并防止书角受磨损，线装书往往配上绢、绫、锦、绸等材料制作的书皮和包角；有些书还在封面里衬以空白纸使封面稍微厚实，同时对书页也起一定的保护作用，称为护页。线装同包背装一样，这两种古籍形制的书都是软皮书，不能直立，只能平放。为了存取方便，许多线装书都配有各种材料制作的函套或木制的书箱。

线装书既牢固，又美观，封面与封底柔软可卷，书脊也不像包背装那样坚硬，阅读起来非常方便。中国古籍形制从卷轴装发展到线装，可以说已经达到精善完美的境界。自从线装问世之后，迅速流行普及，成为现存古籍最主要的形制，也成为新印古籍时采用的形制，至今仍然有它的魅力和市场。

二、古籍文献数字化的保护意义

随着科技的飞速发展，数字化技术日益渗透到文化保护的各个领域。图书馆古籍文献作为中华文化的瑰宝，其保护工作尤为重要。古籍文献数字化不仅为古籍保护开辟了新的途径，更为传承与弘扬中华文化注入了新的活力。

（一）防止古籍物理性损坏

古籍文献由于长时间的流传和使用，往往会出现纸张老化、墨迹褪色等物理性损坏现象。数字化技术的应用，使得古籍文献能够以电子形式存储和展示，从而减少了古籍的直接使用频率，有效避免了因频繁翻阅、触摸等人为因素造成的损伤。例如，通过高分辨率扫描仪将古籍文献转化为数字图像，读者可以在不接触原件的情况下浏览古籍内容，既满足了学术研究和文化传承的需要，又保护了古籍文献的完整性和原貌。

（二）抵御自然灾害与历史变迁的影响

自然灾害如火灾、水灾等，以及历史变迁中的战争、动乱等，都可能对古籍文献造成毁灭性的破坏。数字化存储具有高度的稳定性和可复制性，即使原件遭受破坏，也能通过备份数据恢复古籍信息。因此，将古籍文献数字化是抵御这些不可预见因素的有效策略。通过构建分布式存储系统，将数字化古籍备份在多个地理位置不同的数据中心，进一步提高了数据的可靠性和安全性。

（三）拯救濒危古籍与修复受损文献

许多古籍文献因年代久远、保存条件不佳而濒临灭绝。数字化技术为拯救这些濒危古籍提供了新的可能。通过专业的图像处理技术，可以对受损古籍进行去污、增强等操作，使其内容更加清晰可读。此外，数字化还为重现失传古籍提供了线索。借助大数据技术，研究人员可以对现存的古籍碎片进行拼接、比对，有望还原部分失传古籍的面貌。例如，在古籍修复项目中，数字化技术发挥了不可或缺的辅助作用。修复人员可以利用数字设备对古籍进行无损检测，准确评估古籍的保存状况和损伤程度，从而制定合理的修复方案。在修复过程中，数字化技术还能帮助记录修复过程、监测修复效果，为修复工作提供科学的数据支持。

三、古籍文献数字化在提升利用率方面的价值

随着信息技术的迅猛发展，古籍文献数字化已成为图书馆和文化遗产保护领域的重要议题。数字化不仅为古籍保护提供了新的手段，更在提升古籍利用率方面展现了巨大的价值。

（一）突破时空限制，实现远程访问

传统的古籍文献往往保存在特定的图书馆或档案馆内，读者需要亲自前往才能查阅。然而，数字化古籍彻底打破了这一时空限制。通过在线阅读与下载，读者可以在任何时间、任何地点访问古籍资源，不会受到图书馆开放时间或地理位置的限制。

例如，许多图书馆和学术机构已经建立了古籍文献数据库，提供在线浏览和下载服务。学者和研究人员可以通过互联网轻松获取古籍资料，进行学术研究或文化交流。这种跨地域、跨时间的信息共享方式极大地提高了古籍的利用率，促进了学术研究的深入发展。

（二）便于检索与利用，提高工作效率

传统的古籍文献检索需要翻阅大量的书籍和目录，耗时且效率低下。而数字化古籍则提供了全文检索、关键词检索等高级功能，使读者能够迅速找到所需信息。这不仅节省了读者的时间，还提高了研究工作的准确性和效率。

此外，数字化工具在古籍研究中的应用也进一步提升了工作效率。例如，光学字符识别（OCR）技术可以将古籍图像转化为可编辑的文本，便于学者进行文本分析和数据挖掘。这些数字化工具的应用极大地推动了古籍研究的深入和创新。

（三）促进古籍资源的整合与开发

数字化古籍的编目与分类是古籍资源整合的基础工作。通过统一的编目标准和分类体系，不同来源的古籍资源可以被有效地整合在一起，形成一个庞大且有序的古籍文献数据库。这有助于读者更方便地查找和利用古籍资源，提高古籍的整体利用率。

同时，数字化古籍还为构建古籍文献数据库与知识库提供了丰富的素材。图书馆和学术机构可以利用这些数字化资源，开发出更具深度和广度的古籍研究产品和服务，满足不同层次读者的需求。例如，可以构建专题性的古籍数据

库，为特定领域的研究提供全面而详尽的文献支持；还可以开发古籍知识图谱，揭示古籍之间的关联和脉络，为学者提供全新的研究视角和思路。

四、古籍文献数字化对学术研究的影响

随着古籍文献数字化的不断推进，传统的学术研究方式正经历着一场深刻的变革。数字化古籍不仅为学者提供了更为便捷的研究工具，更在拓展研究资料、创新研究方法以及推动学术成果共享与传播等方面发挥着越来越重要的作用。

（一）拓展研究资料的范围与深度

数字化古籍的出现，极大地丰富了研究素材的来源。以往，学者研究古籍往往受限于图书馆或档案馆的藏书量和保存状况。而如今，通过数字化技术，大量的古籍文献被转化为电子数据，使得学者可以轻松地获取到更为广泛的研究资料。这不仅包括了常见的经史子集，还涵盖了地方志、家谱、碑刻等各类珍稀文献，为深入研究各个领域提供了有力的支持。

同时，数字化古籍也促进了跨学科研究的融合与发展。不同领域的学者可以通过共享数字化古籍资源，发现新的研究切入点，推动学科之间的交叉与融合。例如，历史学家在研究某一历史时期时，可以借助文学、艺术、科技等领域的数字化古籍资料，从多个角度还原历史真相，形成更为全面、深入的研究成果。

（二）创新研究方法与手段

数字化工具在古籍考证、校勘中的应用，为学者提供了全新的研究视角和方法。传统的古籍考证和校勘工作往往烦琐而耗时，需要学者逐字逐句进行比对和辨析。而借助数字化技术，学者可以利用专业的软件工具对古籍进行自动校对和标注，大大提高了工作效率和准确性。同时，数字化技术还支持对古籍进行图像处理和增强，使得模糊不清的文字和图像变得清晰可读，为学者提供了更为可靠的研究依据。

此外，数据挖掘、文本分析等技术在古籍研究中的实践也日益普及。学者可以利用这些技术对大量的数字化古籍进行词频统计、主题分析、情感挖掘等操作，从而揭示出古籍文献中隐藏的信息和规律。这不仅有助于深化对古籍内容的理解，还可能为学术研究带来全新的发现和突破。

（三）推动学术成果的共享与传播

数字化古籍的便捷性和可复制性使得学术成果的共享与传播变得更加容易。学者在研究过程中可以方便地引用和参考其他学者的数字化古籍成果，推动学术研究的交流和合作。同时，数字化古籍还支持开放获取和知识共享的理念，使得更多的学者和公众能够接触到这些珍贵的文化遗产和研究资源。这不仅有助于提升学术研究的透明度和影响力，还可能激发更多人对古籍研究和传统文化的兴趣和热情。

五、古籍文献数字化对文化交流的作用

随着科技的进步，古籍文献的数字化已经成为文化遗产保护与传承的重要手段。在全球化日益加深的今天，数字化古籍不仅承载着弘扬民族文化的重任，更在促进国际间的文化交流与合作、推动文化创意产业发展方面发挥着举足轻重的作用。

（一）弘扬民族文化与增强文化自信

数字化古籍作为文化传播的重要载体，其意义不仅在于保存了珍贵的历史文献，更在于通过这些文献，向世人展示了中华民族文化的博大精深和独特魅力。例如，通过数字化技术重现的《清明上河图》，不仅让观众领略到了宋代都市的繁华景象，更在无形中传递了中华民族对和谐、繁荣的不懈追求。这种文化的传播与弘扬，有助于增强民族自豪感和文化自信，让中华文化在世界文化之林中绽放更加绚丽的光彩。

（二）促进国际间的文化交流与合作

在数字化的推动下，古籍文献得以跨越国界，在国际图书馆、博物馆等机构实现共享，为各国人民提供了一个了解不同文化的窗口。例如，通过国际间的古籍数字化合作项目，中国的《四库全书》等珍贵文献得以与世界各地的学者和公众见面，推动了跨国界的文化对话与知识互动。这种交流不仅有助于增进不同文化之间的相互理解和尊重，还可能激发出新的学术火花和创新思维，推动人类文明共同进步。

（三）推动文化创意产业的发展

古籍文献中蕴含着丰富的历史文化信息和艺术价值，是文化创意产业宝贵的灵感来源。通过数字化技术提取和利用这些古籍元素，结合现代设计理念和

科技手段，可以创造出具有传统文化底蕴和现代审美价值的文化产品。例如，在影视制作中融入古籍中的历史故事和人物形象，不仅丰富了影视作品的文化内涵，也吸引了更多观众对传统文化的关注。同时，这种创新应用还带动了相关产业的发展，为经济增长注入了新的活力。

第二节　古籍文献数字化的技术与方法

一、静电复印与缩微复制

（一）静电复印

静电复印也称电照相，是用半导体作感光材料，经过光电作用，在其表面成像而取得复印件。静电复印的优点是速度快，能复印各种手写、印刷、照相等形式的文献。同样也可复印古籍。相对而言，古籍文献不仅在内容上与其他文献有所不同，而且在文字、形式上也不尽一致。这些都是研究古籍的重要依据。多年来，人们为了解决古籍在传抄、翻刻中留下的差错，倾注了大量的心血，创造了影抄、影刻等方法，为保持版刻原貌，又发明了"留真谱"，并形成了"校勘学"，但难免还是会发生一些差错，而静电复印的诞生，却使上述古籍研究中的问题迎刃而解。静电复印不仅能为古籍的流传、利用节省大量的抄写、打印等劳力，更主要的是复印能保持原书面貌，省却校勘之劳。可以说，静电复印快速、保真的特点为古籍的整理研究带来了福音。目前我国收藏古籍的图书馆大都使用复印机，但静电复印古籍直接接触光源，同时复印时加热碳粉产生热量甚高，对古籍纸张损害颇大，故善本古籍不宜静电复印，已是各图书馆不成文的规定。

（二）缩微复制

以感光材料为载体，用照相的方法将原始文献缩小后真实记录下来的资料，称为缩微资料。缩微资料的优点是：①体积小，重量轻，信息密度大，节省贮存空间。如超缩微倍率可达到千分之一倍。商品化的150倍率的平片可在长105mm、宽148mm的胶片上容纳3000页文献。它比印刷品节省了98％的贮存空间，重量减轻95％。②保存期长。如果在恒温恒湿的条件下，胶卷的保存寿命可达100～500年。③复制性能好，既可缩小，又可放大，不走样，不变形。④制作迅速，成本低廉。缺点是使用不方便，必须借助于阅读放大器。

将古籍制作成缩微胶卷，是解决古籍保存与使用矛盾的重要途径，它既可对古籍进行再生性保护，又可为读者提供方便，是古籍整理现代化的一种重要手段。多年来，不少图书馆都采用这种方法。

缩微复制种类较多，而用于古籍的主要有缩微胶卷和缩微平片两种，缩小倍率为原件的1/16至1/24。

1. 缩微胶卷

缩微胶卷是以卷式胶卷为载体，每卷长度为30m，宽度又分为35mm与16mm两种规格。古籍缩微以每页（即左右两个半页，下同）古籍为一个全格（以往亦有以每页古籍为半格者，现已很少再用），每卷35mm缩微胶卷可摄制600～900页。每卷16mm缩微胶卷可摄制1200～1500页。目前国际标准逐渐趋于16mm宽度。每卷胶卷首尾都空出一段空白，称之为"片头"，为的是装轴时不损坏影像。缩微胶卷又分为正片（白底黑字）与负片（黑底白字），通常负片作母片，供保存之用；正片作副片，供阅读之用。缩微胶卷怕划伤，怕触摸，怕积灰，否则都可能影响其阅读效果，所以保管使用都应相当小心。

缩微胶卷在使用中存在两大困难。一是安装难，每换一卷胶卷都得花费不少时间。如发生前后首尾颠倒，就得重新倒片；发生上下位置颠倒、文字正反颠倒等，都得重装。二是检索难，每查阅一种古籍中的某一卷或某一页，都得从头到尾逐页查寻。我国20世纪60年代初以来主要以缩微胶卷用于古籍善本的再生性保护，对于缓解珍贵古籍使用与保管的矛盾及补充馆藏资源等方面都起过相当大的作用，但由于上述不足之处，以及阅读机的质量也影响读者的使用，所以以往读者不到万不得已，一般都不大查阅缩微胶卷。

2. 缩微平片

缩微平片是以单页胶片为载体的缩微资料，规格较多，一般每页长105mm、宽148mm，也有的长89mm、宽120mm。每页的画面也不等，有60幅画面，也有98幅画面，还有208幅和270幅画面的计算机输出缩微平片，更有缩小倍率为1/150至1/200，可贮存3000页文献的超缩微平片。目前趋于标准是Ab型缩微平片，即每页长105mm、宽148mm，98幅画面。其排列顺序一般是从左到右，每行14个画面，上下7行，当然也可垂直顺序排列。平片的贮存、检索都比胶卷更科学合理。每张平片上都有肉眼可以识别的标头或题款，标明每张平片的书名、著者、版本、卷次、平片号等，标头或题款在白色凸起的导耳衬下可以看得很清晰。平片可以装在订成书本式的封套中，读者可以通过标头很顺利地将需要的资料取出或放回封套中。其检索的范围要比胶卷小得多，因而速度也就快得多。一张平片在平片阅读机上可以上下、左右任意查寻，又加快了检阅速度。同时平片还可免去胶卷倒片、装片等烦琐劳动。

古籍是一种多册次及多卷次的文献，页码顺序不是很规范，故而卷次就成为检索一种古籍的主要顺序方法。目前98幅画面的标准平片，每张可记载相当于一卷至二卷古籍的容量，其标头注明卷次，检索就相当方便，故而比较适用于古籍。可惜的是，我国古籍缩微平片的制作在很多图书馆基本上没有开展，主要是由于缩微平片技术在我国的发展比较滞后，许多大型图书馆的古籍善本在20世纪60年代或多或少制作了一部分缩微胶卷，图书馆认为已解决了保存的问题，而没有进一步从读者阅览方便、快捷方面着想，进一步利用缩微胶卷翻制平片，故而很少有图书馆能向读者提供古籍的缩微平片，当然更谈不上古籍缩微平片的市场化问题了。

二、数据库建设

数据库是将一定数量的信息按统一标准、格式以计算机可读方式进行的科学组合，它是信息化的基础，图书馆的数据库建设尤其如此。古籍是图书馆藏书的一个重要组成部分，大量古籍文献的检索、查阅、传递、再现都离不开数据库。由于古籍文献的复杂性及计算机对汉字（尤其是古籍中的汉字）处理技术的难度，古籍数据库建设相对来说，比其他文献数据库建设的发展要缓慢得多。但随着社会信息化的高速发展，古籍数据库的建设越来越显得迫切。

（一）古籍机读数据的规范化和标准化

古籍数据库大致可分为三种类型：一是机读书目数据库，二是全文数据库，三是专题（专类、专书）数据库。自20世纪90年代初以来，国内外古籍数据库的建设，大多以专题数据库为主，如中国社会科学院文学研究所开发的《唐诗全文检索系统》、挪威奥斯陆大学著名汉学家何莫邪教授研制的《先秦诸子百家检索》、香港中文大学中国文化研究所的《古文献资料库》等。而以馆藏为主的古籍数据库却为数甚少，原因在于：一是古籍数据库缺乏比较适合其特点而又实用的标准，贸然从事会造成浪费；二是目前虽有一些古籍数据库标准出台，但将一个大中型图书馆的古籍按现行标准改动是一项非常浩大的工程，难度大。

古籍数据库强调规范化与标准化的原因如下：

首先，这是计算机对数据处理的严密性与准确性所决定的。古籍数据库不同于一般的书本式或卡片式的古籍馆藏目录（或书录、索引），它要将所有信息全部转换为计算机可以自动处理的"语言"，而计算机对人们每一个指令的要求又极其严密、极其"苛刻"，哪怕是一个空格的全角、半角不一致，或一个字母大写、小写有差异，其处理结果就会完全不一致，更不用说文字的不规范、格式的不统一。如果没有规范化与标准化，即使在一个馆内，生产的数据库也会检索有失误，而达不到自动化的目的。

其次，这是社会信息化的需要。数据库的最大特点是数据可以交换、连接、传递。社会信息化的发展说明，数据库的规范化与标准化，可以加速信息网络的建设，实现国内各单位之间及国内与国外之间信息的交换与共享。古籍是图书馆藏书中较为重要的一部分，尤其是善本古籍，传世甚少，读者依赖于图书馆的程度要远远超过其他藏书，因而古籍不仅是书目数据库要实现联网检索，而且全文数据库或专题数据库也都要上网，只有规范化与标准化才能达到资源共享的目的。

目前关于古籍数据库可以参照的规范与标准主要有两项：一是古籍著录法（即著录标准）和金石拓片著录法（见《中国文献编目规则》第四章、第五章，中国文献编目规则编辑小组编，1996年10月广东人民出版社出版）；二是中国机读目录格式（见《中国机读目录格式使用手册》，北京图书馆该书编委会编，1995年华艺出版社出版）。

《中国文献编目规则》是以《国际标准书目著录》（ISBD）和中国文献著录标准为依据，并参照《美英编目规则第二版》（AACR2R）1988年修订版，同时考虑中国文献语言和书目传统特点而编纂的，目的是适应国际文献工作一体化的发展趋势，顺利实现中外文献书目信息交流。其中古籍著录法与金石拓片著录法除在术语规范等方面尚待改进外，其他都比较切合中国古籍的特点。

《中国机读目录格式》主要依据 UNMARC，同时根据多项国际、国家标准而制定，已成为我国建立书目数据库和处理书目数据的主要依据，当然古籍文献的书目数据库也不例外。由于《中国机读目录格式》包罗古今中外书刊，故而释例多为新书，论及古籍者甚少，因而各图书馆建立古籍文献书目数据库时，在执行时难免又有不尽统一之处。有鉴于此，中国图书馆学会学术委员会古籍整理专业委员会委托中国国家图书馆，根据《中国机读目录格式》字段格式，增加古籍文献的释例，专门汇辑了《古籍机读目录格式字段表》，并于1998年6月由该专业委员会全体委员对《古籍机读目录格式字段表》专门进行了讨论，提出了修改意见，并将提出正式方案。

（二）数据准备与工作单

1. 数据准备

数据准备是数据库建设的前期工作，也是数据库建设的基础，数据库质量的好坏基本取决于数据准备，古籍数据库建设尤其如此。

数据库建设的准备主要包括以下几项工作：①确定所建数据库的作用、范围、规模及组织方式；②确定著录标准与著录格式；③书卡核对。前两项是决策性的工作，一定要考虑周到，包括许多预期问题都应设想到，如果草率从事，将会造成数据库无法弥补的恶果。后一项则是扎扎实实的基础工作。古籍数据库是一种回溯性数据库，不仅馆藏情况较为复杂，而且还包括多年来流通阅览及管理不善而造成的书卡不符情况，最好能在数据建库准备期间予以解决。

古籍数据库建设应先从机读书目数据库开始，在一般大中型图书馆中，古籍量较多，机读书目数据库一般采用填写工作单方式，即由编目人员根据著录标准将有关著录内容填写在印好的表格式工作单中，然后由输入员录入计算机。这样做分工明确，人尽其用，效率高。一般来说，计算机输入人员的培训短期就可以解决，而古籍著录人员是不可能在短期内培训成的。古籍数据库的著录，除了原有的古汉语水平、古文献知识及古籍版本学、古典目录学专业水平外，还必须熟悉著录标准及著录格式，较之原有古籍编目对人员的要求更进了一步。所以，即使原来从事古籍编目的人员，也要进行专业培训后，才能进行古籍数据库的著录工作。

2. 工作单

古籍书目数据库的工作单包括以下内容（字段）：标识块、编码信息块、著录信息块、附注块、款目连接块、相关题名块、主题分析块、知识责任块、国际使用块、国内使用块等。

古籍机读目录工作单的好坏，是决定古籍数据库的关键。古籍与其他新书刊不同的是，它是历史遗产，时间跨越数百、上千载，而各个历史时期的政治、经济、文化又不相同，因而图书内容、题名方式、版刻风格各具特色，加之历代翻版传抄，作伪造假，仅仅是书名、著者、版本就变化多端，有时还得涉及纸张、墨色、字体、避讳等各类情况。因而著录古籍数据库工作单绝不是将一种古籍中有关数据摘录编排而成，其中还涉及许多考订工作。多年来，图书馆古籍整理比较注重善本古籍（这是理所当然），因而所编书目较多，参考资料也较全。相反，十倍于善本的普通古籍书目却较少，参考文献也较缺乏。所以古籍数据库的建立，工作单的著录，从某种角度上来说，普通古籍不仅量大是无可置疑的，而且著录规范、考订精确也不一定比善本古籍容易。

古籍机读目录工作单的著录应注意以下几点：①严格按照著录标准进行著录，对著录标准有异议之处，可提出个人修改意见，标准未改之前，应仍按原标准执行，以求统一。②著录机读目录格式，选择字段要确切。③文字要清楚、规范，采用繁体汉字著录。

（三）数据库的使用与维护

古籍数据库的使用包括两方面：一是读者的查阅，可以是读者来图书馆查询，也可以是读者通过网络查询。随着社会信息化的高速发展，可能网络查询会超过来馆查询。二是图书馆工作人员查询，主要是解决读者咨询和进行开发研究。

数据库的维护是数据库质量的保证，也包括两方面：一是数据的修改，二是数据的增补。在使用数据库的过程中会不断发现一些数据错误，其中有的是读者发现后向图书馆提出的，有的是工作人员在工作中发现的，也有的是通过联网后，其他图书馆发现的，等等，凡此，都应及时予以修改，以不断提高数据的质量。古籍数据库的增补，相对而言，虽远不如新书多，但也不是没有增加，仅目前国内许多图书馆中未编古籍的数量就是很大一笔数字，其需补充的数据量也相当大。

三、古籍全文光盘

（一）古籍全文光盘的意义及功能

古籍全文光盘就是将古籍文献（包括文字与图像）转换为计算机可以处理的数字，然后刻录成光盘，以达到其存储、检索、传递、再现等自动化的目的，它是高科技与古籍文献保护、利用、开发、研究相结合的产物。

1. 古籍全文光盘是古籍再生性保护的最先进手段

众所周知，我国古籍文献的载体形式大致经历了甲骨、钟鼎、竹简、缣帛、纸质等发展阶段，其中以纸质文献延续最久、流传最广、存数最多。而纸质文献易于老化，尤其是古籍文献，历时久远，又屡经水火兵燹，不少已成为世间珍宝。除了延续性保护手段以外，用再生性的手段将珍贵古籍文献进行复制、影印出版，使"孤本不孤"，从而减少对古籍文献原件使用的压力。我国的古籍文献浩如烟海，依赖影印出版，犹如杯水车薪，而制作缩微胶卷，其阅读、抄录又有着诸多不便。古籍光盘较之于古籍影印本、缩微胶卷具有体积小，占空间少，检索方便，尤其是信息传递迅速，可以实现资源共享，无疑是目前古籍文献载体中最先进的。

2. 古籍全文光盘是解决古籍文献保管与使用矛盾的新途径

古籍文献目前绝大多数收藏于图书馆中，特别是集中于国内外为数不多的大型图书馆中。对于读者来说，此类文献的私人拥有量可以说是微乎其微，因而依赖图书馆（尤其是大型图书馆）的程度，远远超过其他文献。但古籍文献除了其重要的史料价值外，还有很高的文物价值，永远保存好这些宝贵的资源，又是历史赋予图书馆的神圣职责，所以古籍文献保管与使用的矛盾在图书馆中最为突出。

长期以来，图书馆工作者始终从两方面寻求解决矛盾的途径：一是编制古籍文献的书目、索引、提要等工具书，以引导读者有针对性地使用古籍文献，从而降低对古籍的直接使用频率。这些方法在保护古籍文献、缓解其保管与使用的矛盾上已被证明是行之有效的。然而，问题在于，过去我们采用的技术手段远远滞后于研究工作的快速发展，也远远跟不上古籍文献随时间"老化"的速度。以编制索引为例，传统的手工抄写和人力编排方式，每增加一种检索途径都需要额外的抄写和编排工作，不仅费时费力，还难免出现错漏。因此，为读者提供一部质量较高的大型检索工具书往往需要数年乃至十数年的时间，这样的速度显然无法跟上研究工作的步伐。二是利用现代计算机技术和数字化手段，对古籍文献进行数字化处理和存储，实现古籍文献的再生性保护和高效利用。通过数字化，古籍文献可以被精确地复制和保存，减少物理磨损和老化，同时方便读者进行远程访问和快速检索，极大地提高了古籍文献的利用效率。随着近年来计算机技术的高速发展，尤其是电子版图书以其体积小、容量大、检索速度快、不易失真（主要指多次复制）等特点，为古籍文献的数字化保护提供了强有力的支持。因此，无论从保存人类珍贵文化遗产的紧迫性来看，还是从解决古籍文献保管与使用矛盾的角度出发，古籍文献实现数字化相较于其他文献类型都显得更为迫切。

3. 古籍全文光盘是实现数字化图书馆的重要部分

随着社会信息革命的到来，数字化图书馆已成为其不可分割的一个组成部分，而古籍无疑也将进入数字化图书馆，制作全文数据库就是其最好的方法。它可以通过计算机、光盘、网络等先进科技手段达到将一向束之高阁的古籍实现资源共享，而又不损伤其原件，文化遗产也得到保护的目的。

全文数据库有着无比强大的功能，它虽不能替代人的智慧，但可以减少人的重复劳动，尤其是高智能、高速度的重复计算。其检索之快，是人力无法比拟的。而在古籍整理研究中，检索与数据统计却是以往最困难的问题，所以古人研究古籍多以背诵、记忆为主，有的甚至能背诵《十三经注疏》全文。凡此，对计算机、数据库来说，已是很简单的事情了。

如上海图书馆制作的馆藏古籍善本全文光盘，它为读者提供一幅幅善本古籍的书页原貌，有黑白，有彩色，也有二者相间者。以每两个半页组合为一个画面，其右侧为前一页的B面，左侧为后一页的A面，与读者日常阅读古籍原书的次序完全相同。读者可以选择"全书"阅读，也可任选"封面""扉页""序""跋""凡例""目录""图""附录""添加页""正文"阅读。其中"正文"又可任选不同卷次阅读。读者阅读时，上述任何一项，皆可以随意向后、向前一页页翻阅，也可任选其中一页跳跃翻阅。读者每阅一页，屏幕将会显示全书或某卷、某部分的总页数和正在阅读的页数。阅读时，读者可根据本人的需要随意调节画面的大小，可以是全画面，也可以是任何局部画面，甚至可以全画面与局部画面同时存在。图像可以任意作黑白反转、文字正反反转等。它还为读者提供一个特殊的阅读功能：贴有粘签的善本古籍书页，除阅读其粘签文字原貌外，也可使粘签"飞"去，显示出粘签下遮盖着的文字原貌。它同时还为读者提供了打印功能，接通打印机后，即可打印出正在阅读的古籍书页，其效果远胜于复印。它可供多个读者同时阅读不同的古籍，也可同时阅读同一种古籍。

（二）古籍全文数据的标引

标引是古籍全文数据库关键性的工作，它将会直接影响全文数据库的检索与利用，尤其是以图像形式录入的全文数据库，如标引不好，对检索利用影响更大。加之古籍书页、内容的不规范，尤其是页码几乎无"章"可循，因而标引工作较之键盘输入的数据繁杂得多。以图像形式录入的全文数据的标引由书目数据及原文数据两个部分组成。

1. 书目数据

书目数据以每"种"古籍的整体描述为一个单位。它可以与整个系统的古籍机读书目数据库连在一起，查询到某种古籍后，根据所查到的光盘号，便可通过光盘系统直接调阅其所需要的光盘。它也可以在古籍光盘查阅系统上独立一个简单的检索书目数据库，一般包括书名、著者、版本（连同行款、版式、批校、题跋、藏印）、稽核及分类、图书馆标记等。其检索功能一般有分类检索、书名检索、著者检索及索书号检索即可。如需通过其他检索途径，则可利用整个机读目录系统，以免过多的重复。

2. 原文数据

原文数据的标引将古籍内容分为三个部分：一是正文，也是古籍的主体部分，先按卷次标引，卷次下再按页数标引；二是原书的其他部分，包括封面、扉页、序文、凡例、目录、图、附录1（也称前附录）、附录2（也称后附录）、跋等，每个小部分，均另起编页码；三是古籍流传过程中后人添加部分，分为添加页1（也称前添加页）、添加页2（也称后添加页），也分别另起编页码，但均与原书页码分开统计。

（三）古籍全文光盘的制作与古籍保护

1. 古籍全文光盘制作的基本原则

首先要保持文献内容的原始性。古籍全文光盘的制作，主要是将古籍文献的内容转化为数字形式后移植至新的载体上。应该说，除了检索方法外，它不是文献内容的再创造，而只是载体形式的变更，因而保持文献内容的原始性至为重要。中国历史上每一次古籍文献载体形式的变更或同一载体的移植，总会造成一部分文献内容的失真，给文献考证带来诸多麻烦。在中国历史上，就曾产生过一批专事校正文献移植过程产生错误的学者，称为校勘家，同时也形成一种学派，称为校勘学。现时古籍文献数字化采用高科技手段，其移植数量之大、速度之快远胜于中国历史上任何一次文献载体的变革，所以保持古籍文献内容的原始性应是其首要的标准。否则古籍文献将失真、失全、失实。

其次是保持文献形式的真实性。古籍文献除了它的内容外，它的文献形式，如古籍中的版式、字体，碑帖中的破损等，对于考证古籍文献的时间、地点乃至内容都是不可或缺的依据，因而尽可能保持其原有的文献形式的真实性，也是古籍文献数字化过程中不可忽略的问题。此外，有些古籍文献载体的物质特征，如纸张、墨色等也是研究古籍文献的重要依据，能用最新科学技术在新的载体中予以再现，也是古籍文献研究者相当关心的问题。

2. 古籍全文光盘制作的一般步骤

以图像形式录入的古籍全文光盘数据库的制作分为以下步骤：

（1）确定制作目录。首先要根据本馆所藏古籍的特色确定。一般来说，善本古籍应先制作。善本古籍较多的图书馆，则应再根据其珍贵程度与使用率的高低区分其先后次序。其次要根据制作难度来确定。目前制作技术尚未解决的古籍应缓一步，如目前扫描仪一般只有A3规格，而较大开本的古籍无法扫描，可以待扫描仪技术发展后再解决。又如装订线过紧的原装古籍，拆书要损坏原样，扫描则字体容易形成弧形，也可略缓一下，待有新技术发展后再扫描，这样的处理既加快了速度，又体现了实事求是的原则。

（2）核对馆藏复本。古籍中有许多复本，善本古籍也不例外。制作光盘不同于馆藏编目与入藏，复本就不需重复制作。因而确定目录后，一定要核对复本，以免重复劳动。在核对复本时，还得注意书品的选择及页次顺序和有无残缺页的检查。必要时可适当互相配页，以保证制作的光盘数据的完整性与清晰度。

（3）配给检索号码。检索号码最好用馆藏索书号，但要保证其号码的唯一性，即不能有相同的编号出现。一般以检索号码与索书号及文件名为同一号码为好。号码前配有英文字母者，应一律大写。号码的次序与制作先后无关。

（4）填写工作单。工作单包括四个部分，一是书目数据，由编目人员著录；二是扫描技术数据，由扫描操作人员填写；三是古籍内容及卷页划分，由标引人员填写；四是刻录光盘技术数据，由光盘刻录人员填写。其他尚有各工序的有关记录、签字、日期等，如编目者、扫描者、扫描质量检验者、标引者、数据录入者、光盘质量检验者、总校者。

（5）扫描制作数据。扫描者首先要核对工作单与提供的古籍相符与否，其次要理顺所需扫描古籍的册次与卷次，然后进行预扫描，确定并记录下扫描的有关数据，如灰度、亮度、对比度等，再逐页进行扫描。结束后，要检查质量，最后将数据存盘。

（6）扫描质量检验。检验者根据原书与扫描图像对验，一是不能漏页，二是册次、卷次、页次不能颠倒，三是扫描质量要符合标准。

（7）内容、卷页标引。主要区分、标引古籍封面、序文、目录、凡例、图表、附录、添加页、正文等部分的物理页码。正文中再分卷次进行标引。

（8）数据文字录入。录入员根据上述各工序所形成的数据、文字，全部输入检索数据库。

（9）图像数据刻录光盘。将检验合格后的古籍图像刻录光盘，并确定光盘号（必须是唯一号），装入光盘柜。

（10）光盘数据检验。逐页检查光盘图像数据有无丢失及其质量。

（11）总校。通过标引及查阅系统，检查整个流程的质量，并通过网络检查其使用效果。

3. 古籍全文光盘制作中的古籍保护问题

古籍全文光盘制作的一个目的就是保护古籍，因而在整个制作过程中也存在着保护古籍的问题。

（1）扫描器材。原先人们以为复印机用于复印古籍，会产生较大的热量，使纸张达到灼手的程度，从而国内外图书馆有一个不成文的规定，善本古籍一般不宜用复印机复印。而扫描仪类似复印机，是否也会对善本古籍有较大损伤呢？经测试证明，扫描仪无须加热碳粉，所以不会产生较高的温度，因而对古籍善本无较大损伤。但扫描仪也有其不足之处，那就是图书纸张与器材接触过多、过近，仍避免不了紫外线的照射。同时因受幅面的限制，A3扫描仪只能解决90%的古籍善本的录入，一些特殊规格的古籍，如特大开本或卷轴装的古籍只能通过其他技术制作后再转换扫描。所以当摄影技术及其价格达到一定水平之后，就应更新录入器材，如数字照相机或分离式扫描仪等。

（2）扫描方法。扫描方法有两种，一种方法是书册拆装，将书页打开，使其成为版心在中间的完整的一页，然后进行扫描、摄影。它的优点是"页"的画面概念完整，版心连为一体，背面不透字，字体不变形，无论是研究资料，还是研究版本，或制作书影、图片等，效果俱佳，但对古籍有损伤，尤其是原装订形式难以复原。另一种方法是书册不拆装，即将古籍书的前一页 B 面与后一页 A 面组合为一个画面进行扫描或摄影。它的优点是，扫描速度较快，书页不易散乱，画面与读者习惯相一致。但其缺点也很明显，那就是"页"的画面概念被割裂，版心分为两半，纸薄者背面容易透字而使原文不清晰，尤其是装订线较紧者则字体变形失真。对此应采取一些变通办法，即对装订线过紧、无法达到扫描标准而又不是原装的古籍采用"拆线不拆装"（就是不拆纸捻钉，保持原书不散）的方法，使其扫描效果略有改善，而又不损伤原书。但对原装古籍仍应慎重处理。

（3）制作过程中的规范管理。为了保护古籍，在制作过程中，加强规范管理是重要的问题。①古籍的出入库及交与扫描者的古籍，借还要有专人管理，交接应办理签收手续。②扫描仪、工作台每日必须擦干净，茶水不准放于工作台上。③工作室严禁火种入内，也不得进食。④善本古籍制作时，工作人员要戴薄型手套。⑤在南方图书馆中，如无恒温恒湿的制作空间，黄梅季、雨季则不应进行古籍善本扫描工作。⑥破损古籍要修复后再进行扫描，原装古籍不准拆线。

第三节　古籍文献数字资源的智慧化管理与利用

一、古籍文献数字资源的智慧化管理

在古籍文献数字资源的智慧化管理过程中，实践策略的制定与实施是确保资源有效管理和高效利用的关键所在。

（一）古籍文献数字资源的标准化管理策略

标准化管理策略是智慧化管理的基础，它旨在确保古籍文献数字资源的规范化、统一化和可持续性。这一策略的制定涉及多个方面，从数据格式的统一到元数据标准的制定，再到质量控制的实施，每一步都至关重要。

首先，数据格式的统一是标准化管理的前提。由于古籍文献的来源广泛、形式多样，数字资源的格式也千差万别。因此，需要制定一套统一的数据格式标准，将各种格式的数字资源进行转化和归一化，以便于后续的管理和利用。

其次，元数据标准的制定也是标准化管理的重要一环。元数据是描述数字资源属性、特征和内容的信息，它对于资源的检索、利用和共享具有重要意义。通过制定明确的元数据标准，可以确保数字资源的描述准确、完整和一致，提高资源的可发现性和可访问性。

最后，质量控制是标准化管理的关键环节。在数字资源的采集、处理、存储和利用过程中，需要建立严格的质量控制机制，确保数字资源的准确性和可靠性。这包括对原始文献的数字化质量进行评估和控制，对数字资源的加工处理进行规范和监督，以及对数字资源的存储和利用进行监测和维护。

（二）建立数字资源的整合与共享机制

数字资源的整合与共享是智慧化管理的核心任务之一，它旨在打破资源孤岛，实现资源的互联互通和高效利用。整合与共享机制的建立需要从多个层面进行考虑和实施。

首先，在资源层面，需要建立统一的数字资源管理平台，将分散在各个机构、部门或项目中的数字资源进行汇聚和整合。这涉及数据的收集、清洗、转换和存储等一系列工作，需要确保数据的准确性和完整性。

其次，在技术层面，需要利用先进的技术手段实现数字资源的互操作性。通过采用统一的数据接口、协议和标准，可以实现不同系统之间的数据交换和共享。同时，还需要利用云计算、大数据等技术手段，提高数字资源的处理能力和存储效率。

最后，在机制层面，需要建立开放式的资源共享机制，促进数字资源的流通和利用。这包括制定明确的共享政策和规范，建立高效的资源调度和分配机制，以及推动跨机构、跨领域的合作与交流。

通过数字资源的整合与共享，可以实现资源的最大化利用和价值挖掘，为古籍文献的研究、保护和传承提供有力支持。

（三）智慧化服务模式的构建与实施

智慧化服务模式的构建与实施是智慧化管理的最终目标和重要体现。这一模式的构建需要以用户需求为导向，以技术创新为驱动，实现服务的个性化、精准化和智能化。

首先，个性化服务是智慧化服务模式的核心内容之一。通过收集和分析用户的个人信息、行为偏好和需求反馈等数据，可以建立用户画像，为用户提供定制化的服务。例如，可以根据用户的研究领域和兴趣点，推荐相关的古籍文献和研究成果；可以根据用户的阅读习惯和方式，提供个性化的阅读界面和功能。

其次，精准化服务是智慧化服务模式的另一个重要特点。通过利用大数据、人工智能等技术手段，可以对古籍文献数字资源进行深度挖掘和分析，提取出有价值的信息和知识。基于这些信息和知识，可以为用户提供精准的问题解答、趋势预测和决策支持等服务。

最后，智能化服务是智慧化服务模式的重要发展方向。通过引入智能代理、自然语言处理等技术，可以实现服务的自动化和智能化。例如，智能代理可以代替用户进行文献检索、筛选和整理等工作；自然语言处理技术可以让用户通过自然语言与系统进行交互，提高服务的便捷性和易用性。

在实施智慧化服务模式的过程中，还需要注重服务的可用性和可持续性。通过不断优化服务流程、提升服务质量、加强用户反馈和互动等方式，可以增强用户的满意度和忠诚度，推动智慧化服务的长期稳定发展。

二、古籍文献数字资源的智慧化利用

（一）智慧化检索与利用平台的建设

随着信息技术的飞速发展，古籍文献数字资源的智慧化利用逐渐成为研究与实践的热点。智慧化检索与利用平台的建设是其中的关键环节，它通过集成先进的信息技术，为用户提供高效、便捷的资源检索与利用服务。

1. 智慧化检索系统的设计与实现

智慧化检索系统的设计旨在提高古籍文献数字资源的检索效率和准确性，以满足用户多样化的需求。具体而言，该系统的设计遵循以下几个原则：

首先，系统应具备强大的数据处理能力。通过对古籍文献进行数字化处理，将文本、图像、音频等多媒体信息转化为可计算的数据格式，以便进行高效的检索和分析。同时，系统还需具备大规模数据的存储和管理能力，以应对日益增长的古籍文献数字资源。

其次，系统应实现智能化的检索算法。通过引入自然语言处理、机器学习等技术，实现对用户查询意图的精准识别和理解。同时，系统还能根据用户的查询历史和偏好，智能推荐相关的古籍文献资源，提高检索的准确性和个性化程度。

此外，系统还应具备良好的交互性和用户体验。通过简洁明了的界面设计、友好的操作提示以及快速响应的检索速度，为用户提供愉悦的使用体验。

在实现智慧化检索系统的过程中，还需注重数据的安全性和隐私保护。通过采取数据加密、访问控制等措施，确保用户数据的安全性和隐私性。同时，系统还应具备可扩展性和可维护性，以便随着技术的发展和用户需求的变化进行持续的优化和升级。

2. 利用平台的功能与特点

智慧化利用平台作为古籍文献数字资源智慧化利用的重要载体，具备丰富的功能和特点，为用户提供一站式的资源利用服务。平台的主要功能和特点如下：

首先，平台提供了丰富的古籍文献数字资源。通过整合各类古籍文献资源，平台形成了一个庞大的数字资源库，涵盖了历史、文学、哲学等多个领域。用户可以通过平台轻松获取所需的古籍文献资源，进行深入研究和学习。

其次，平台支持多种形式的资源展示和利用。除了传统的文本阅读功能外，平台还提供了图像浏览、音频播放等多种形式的资源展示方式。用户可以根据自己的需求和喜好选择合适的展示方式，获得更加全面和深入的资源利用体验。

再次，平台还具备智能化的推荐和个性化服务功能。通过对用户的行为和偏好进行分析，平台能够智能推荐相关的古籍文献资源和服务，满足用户的个性化需求。同时，平台还提供定制化的服务，如个性化阅读设置、定制化检索策略等，进一步提升用户的使用体验。

最后，平台注重用户反馈和互动。通过设置用户评价、留言板等功能，平台鼓励用户积极参与资源的利用和反馈。用户的意见和建议将成为平台改进和优化的重要依据，推动智慧化利用平台不断完善和发展。

（二）智慧化教育与推广

1. 智慧化教育在古籍文献传承中的作用

智慧化教育以其独特的方式，为古籍文献的传承注入了新的活力。首先，智慧化教育利用先进的技术手段，如虚拟现实、增强现实等，为学习者提供了沉浸式的学习体验。通过模拟古籍文献的原始场景和情境，学习者可以更加直观地了解古籍文献的历史背景和文化内涵，从而加深对古籍文献的理解和认识。

其次，智慧化教育通过开发互动性的学习资源和工具，增强了学习者的参与度和兴趣。例如，利用在线学习平台、移动应用等，学习者可以随时随地访问古籍文献的数字资源，进行自主学习和互动交流。这种学习方式不仅提高了学习效率，还培养了学习者的自主学习能力和创新精神。

此外，智慧化教育还促进了古籍文献的跨学科研究和应用。通过将古籍文献与其他学科进行交叉融合，可以发掘出更多新的研究视角和价值点。这不仅有助于推动古籍文献的深入研究，还能为其他学科提供有益的参考和启示。

综上所述，智慧化教育在古籍文献传承中发挥着不可或缺的作用。它利用先进的技术手段和丰富的学习资源，为学习者提供了全新的学习体验和研究视角，推动了古籍文献的传承与发展。

2. 采取智慧化推广策略，扩大古籍文献的社会影响力

在扩大古籍文献的社会影响力方面，智慧化推广策略发挥着至关重要的作用。这些策略旨在通过多元化的渠道和方式，将古籍文献的价值和魅力传播给更广泛的人群。

首先，利用社交媒体和网络平台进行推广是一种有效的智慧化推广策略。通过在这些平台上发布古籍文献的相关内容、开展互动活动、建立社群等，可以吸引更多的人关注和参与。同时，利用大数据和算法技术，还可以精准地推送相关内容给感兴趣的用户，提高推广效果。

其次，开展线上线下相结合的文化活动和展览也是推广古籍文献的重要途径。通过举办讲座、研讨会、展览等形式的活动，可以让更多的人近距离地接触和了解古籍文献。同时，结合虚拟现实、增强现实等技术手段，还可以打造

沉浸式的展览体验，增强观众的参与感和体验感。

此外，与其他文化机构和产业进行合作也是推广古籍文献的有效方式。通过与博物馆、图书馆、出版社等机构进行合作，可以共享资源、互通有无，共同推动古籍文献的普及和传播。同时，还可以与旅游、文创等产业进行合作，开发具有古籍文献元素的旅游产品和文创产品，将古籍文献的价值融入人们的日常生活中。

在智慧化推广策略的实施过程中，还需要注重宣传和教育的结合。通过制作精美的宣传资料、开展教育讲座等形式的活动，可以向公众普及古籍文献的知识和价值，提高公众对古籍文献的认识和重视程度。

综上所述，通过利用社交媒体和网络平台、开展线上线下相结合的文化活动和展览、与其他文化机构和产业进行合作以及注重宣传和教育的结合等方式，可以将古籍文献的价值和魅力传播给更广泛的人群，推动古籍文献的传承与发展。

第六章　图书馆智慧化管理与服务创新实践研究

第一节　智慧图书馆与智慧城市协作共建

通过城市信息化，将先进信息技术与城市管理运营理念有机结合起来，在政府一体化功能平台上实现多个智慧应用的共享与协同，促进城市系统化服务和管理，让人们尽享便利、低碳、智能生活，从而构建智慧城市。这是一项规模庞大而复杂的工程，不是单独一个部门、一个产品或技术就可以完成的，必须在城市智慧化的总体规划指导下，整合各方资源，通过各行业密切配合、协作共赢来实现。面对智慧城市的发展和各类信息用户的不同需求，图书馆独有的知识资源支持功能将发挥到极致，而且通过城市智慧建设也可以带动并提升图书馆智慧化体系的转型发展速度。

一、智慧城市建设与发展

（一）智慧城市的内涵阐释

智慧城市的发展已经成为当代城市化进程中的重要方向。其理解可以分为广义和狭义两种，广义的智慧城市以科学发展、高效管理、社会和谐、美好生活为目标，通过建立有组织的信息网络体系，致力于提升城市的感知、认知、学习、创新、决策、调控能力。狭义的智慧城市则以物联网为基础，通过物联化、互联化、智能化方式，实现城市功能的协调运作，注重智慧技术集成、产业发展以及服务便民。这两种理解都强调了信息技术的关键作用，但前者更强调智慧城市的综合性目标，后者更强调技术手段的应用。

在智慧城市的建设过程中，资源的统筹利用是至关重要的。此外，推动新一代信息技术的创新应用也是促进智慧城市发展的关键。这不仅包括技术本身的创新，还包括技术在城市经济社会发展中的融合应用。同时，加强信息基础设施建设、促进信息资源的共享和利用，以及推广智慧化信息应用，都是智慧城市建设不可或缺的部分。其中，信息安全保障能力的增强更是关乎智慧城市可持续发展的重要保障，因为在信息化程度越来越高的城市，信息安全问题也越来越突出。

信息化在各个领域的应用效果显著，尤其是在政府、农业、社会和产业等方面。政府信息化的推进促进了管理的创新，实现了诸如网上办公、业务协同、政务公开等功能，使政府更加高效、透明。农业信息服务体系的不断完善，数字技术的广泛应用，不仅提升了农业生产的效率和质量，也为农村地区的发展带来了新的动力。在社会信息化方面，多个领域都取得了良好的发展，产业信息化水平逐步提高，传统服务业向现代服务业转型，信息服务业也呈现出蓬勃发展的态势。这些都表明了信息技术在智慧城市建设中的重要作用，以及其对城市经济社会发展带来的深远影响。

（二）智慧城市建设的范畴

1. 智慧政府

我国智慧城市的建设始于政府信息化。智慧政府的核心是电子政务内外网和公共协同服务平台的建设，其目的就是通过电子政务促进政府管理的改革和创新。政府管理创新从本质来讲就是以国家之力来推动我国政府信息化建设，以提高我国政府的管理能力和服务能力，提升国家在国际社会中的竞争力。从这个意义上讲，推动电子政务促进政府管理创新，促进政府信息化建设意义重大。智慧城市实施智慧政府信息化应以网上行政审批、网上电子监察、网上绩效考核为突破口，以建设电子政务外网为基础，以在一个城市范围内建立政府公共服务体系为目标，重点实现政府各业务单位和部门之间的信息互联互通与数据共享，以此来大力推进政府信息化的建设和发展。

实现智慧政府信息化的重大意义如下：

（1）推动政府信息化，可以促进我国的改革开放和加快我国经济更好地与世界经济融为一体。通过构建政府信息化，推动电子政务，改变政府管理机制，提高政府管理的透明度、公开性，提高政府管理的效率等，可以使政府管理存在的问题得到更多解决，这对提升政府管理水平和服务能力，对政府管理适应我国改革开放带来的一系列的挑战意义重大。

（2）通过推动政府信息化构建电子政府，可以提高政府决策的科学性、及时性、有效性，从而减少大量的重复建设，减少大量的财政资金浪费，这对于政府管理意义重大。

（3）通过推动政府信息化构建电子政府，可以真正提高公共服务的质量，提高政府的服务水平，增强政府的服务能力，促进管理型政府向服务型政府的转化。推动政府信息化，给企业、公众在网上提供一站式的服务、在线服务，不仅能够大大地减少政府的办事时间，而且能够提高它的公开性、透明度，这对于改善政府的公共服务、改善政府和公众的关系、提升政府的形象意义重大。

（4）通过推动政府信息化、打造电子政府，可以实现资源共享，降低政府的行政管理成本。电子政务的核心就是信息互联互通，数据和资源共享，网络融合，管理与服务协同。通过对信息的有效管理、高效处理，提高信息资源的共享程度，可以给国家降低大量的管理费用和节省人力。

（5）通过推动政府信息化，构建电子政府，能够提高公务人员的整体素质。增强政府信息化，电子政务的支持，开阔视野，改变观念，提高信息化技能，这对提高我国政府公务员的整体素质具有深远意义。

2. 智慧治理

目前智慧城市管理已经从前几年的"数字城管"扩大到一个城市综合治理"大城管"的概念，涵盖了城市的市政管理、市容管理、公共安全管理、交通管理、公共及基础设施管理、水电煤气供暖管理、城市"常态"下事件的处理和"非常态"下事故的应急处置与指挥等。实行智慧城市管理后，城市的每一个管理要素和设施都将有自己的数字身份编码（物联网），并被纳入整个智慧城市综合管理平台数据库中。智慧城市综合管理平台通过监控、信息集成、呼叫中心等数字化技术应用手段，在第一时间内将城市管理下的"常态"和"非常态"各类信息传送到城市综合监督与管理中心，从而实现对城市运行的实时监控和科学化与现代化的管理。

智慧城市实施城市信息化以数字城管为起点，以建设城市级综合监控与管理信息中心为基础，重点实现城市在市政、城管、交通、公共安全、环境、节能、基础设施等方面信息的互联互通与数据共享。以在一个城市范围内建立数字化与智能化的城市综合管理体系为目标，以此来大力推进城市信息化的建设和发展。

实现智慧城市治理信息化的重大意义如下：

（1）智慧城市管理代表了现代城市管理的发展方向。随着经济、社会的发展，城市管理必然要从过去那种粗放式管理走向精细化管理；从过去的行政管理转型到依法管理；从过去那种临时性、突击性的"堵漏洞式"的管理转到常态的、经常性的长效管理；从过去那种被动地处理转到主动地去发现问题和解决问题。要达到上述目的，就必须推进智慧城市治理，真正使政府治理城市及处理问题的能力从低效迟钝转向高效廉洁，进一步强化政府的社会管理和公共服务职能。可以说，数字化管理是建立城市管理长效机制的必经之路。

（2）智慧城市治理充分体现了以人为本的先进观念。城市是全体市民的，所以城市管理一定要有基本的立足点，就是要为广大市民服务，尊重广大市民的意愿，使市民反映的城管问题和生活中的诸多不便等"琐事"，通过数字化管理系统这个纽带成为政府案头的大事。激发居民参与城市管理的热情，形成市民与政府良性互动、共管城市的格局，并以此密切党和政府同人民群众的血肉联系，为构建和谐社会打下坚实的基础。同时，对于党政部门转变执政理念和执政方式，提高执政能力和执政水平，都将会产生巨大的影响和发挥积极的促进作用。

（3）智慧城市治理可提高管理效率和降低管理成本。智慧城市管理系统涵盖了众多部门的工作内容，可实现各部门信息资源共享，能实现城市管理信息快速传递、分析、决策和处理，可以大大提高工作效率。由于城市管理人员监督范围扩大，可以节约人力、车辆等巡查成本。由于问题定位精确、决策正确、处置准确，能克服多头处理、重复处理等弊端，单项事件处理成本大大降低。这不仅可以提高城市管理效率，同时也建立了一套对各部门工作绩效进行科学考核的评价体系。

3. 智慧民生

智慧民生是智慧城市建设的基本内容。通过智慧城市社会民生综合服务信息化平台和电子政务外网搭建起政府与服务业、城市商业与企业、城市服务业相互之间的信息互联互通数据共享的平台。大力发展城市"市民卡"电子商务、现代物流和社区信息化。以智慧城市社会民生综合服务信息化平台，整合市民卡、智慧社区、智慧医疗、智慧教育、智慧养老、智慧旅游、智慧生态环境、智慧商务与物流，以及网络增值服务、连锁经营、专业信息服务、咨询中介等新型服务业内的信息资源，实现信息互联互通数据共享，打造以智慧城市为代表的现代服务业新模式和新业态。

现代服务业是指在工业化比较发达的阶段产生的、主要依托信息技术和现代管理理念发展起来的、信息和知识相对密集的服务业，包括由传统服务业通过技术改造升级和经营模式更新而形成的服务业以及随着信息网络技术的高速发展而产生的新兴服务业。智慧城市现代服务业发展的模式，就是要坚持服务业的市场化、产业化、社会化的方向原则，克服以往那种由"技术孤岛""资源孤岛"形成的"信息孤岛"，实现真正意义上的互联互通，让服务提供商能够高效率、低成本地满足客户的需求。智慧城市实施社会信息化应以城市"市民卡"运用为前导，以建立城市社会化公共服务体系为基础，实现智慧民生等方面信息的互联互通与数据共享。以共性支撑、横向协同、创新模式、促进民生产业发展为原则，大力推进城市现代服务业的发展。

城市现代服务业的发展应遵循以下原则：

（1）共性支撑就是在充分利用和集成社会存量服务资源的基础上，实施基础性、关键性的共性技术支撑。尤其是形成面向业务重组的服务标准和服务交互标准，为服务模式的创新和新业态的形成提供基础环境，占领现代服务业的制高点。

（2）横向协同就是要在以往以行业为主导的纵向发展模式的基础上，按照市场化、社会化和产业化的原则，充分利用现代技术和管理手段，通过横向协同突破行业、区域的条块分割，为现代服务业协调发展提供示范。

（3）创新模式就是要在共性支撑的基础上，形成新的实物和非实物交易的商务流程，达到信息流、金融流、实物流和内容流的融合和协同。同时优选重点领域，实施有效益和可持续发展的应用示范工程，充分体现服务业态的创新。

（4）促进民生产业发展，以需求为导向，以服务型企业为主体，政、产、学、研结合，通过服务技术和服务交互的标准化，形成有效的社会第三方服务，建立现代服务业长期发展的研究和开发支撑体制，加快现代服务业产业链的形成。

4. 智慧产业

以信息化带动工业化是智慧城市建设的重要内容。以信息化带动工业化，以工业化促进信息化，走出一条科技含量高、经济效益好、资源消耗低、环境污染少、人力资源优势得到充分发挥的新型工业化道路，这是我国工业化和整个国家现代化的战略选择。

工业化和信息化是两个性质完全不同的社会发展过程。所谓工业化，一般以大机器生产方式的确立为基本标志，是由落后的农业国向现代工业国转变的过程。所谓信息化，是指加快信息技术发展及其产业化，提高信息技术在经济和社会各领域的推广应用水平的过程。总体上讲，在现代经济中工业化与信息化的关系描述如下：工业化是信息化的物质基础和主要载体，信息化是工业化的推动"引擎"和提升动力，两者相互融合，相互促进，共同发展。

信息化带动工业化，就是要以智慧城市的建设来带动和推进企业的信息化，整合政府信息化、城市信息化、社会信息化的信息资源。以政府信息化为先导，以社会信息化为基础，走出一条以智慧城市为平台推进整个产业信息化发展的思路和策略。

信息化带动工业化的核心是产业信息化。产业信息化是指利用计算机、网络和通信技术，支持产业及企业的产品研发、生产、销售、服务等诸多环节，实现信息采集、加工和管理的系统化、网络化、集成化，信息流通的高效化和实时化，最终实现全面供应链管理和电子商务。产业信息化的水平直接决定了国民经济以信息化带动工业化的成败和产业及企业竞争力的高低，是我国目前经济发展的战略重点。企业作为国民经济的基本细胞和实现信息化、工业化的载体，其信息化水平既是国民经济信息化的基础，也是信息化带动工业化，走新型工业化和智慧制造发展道路的核心所在。

智慧城市实施产业信息化应以电子商务为龙头，以在一个城市范围内建立电子商务和现代物流体系为基础，以此来促进和带动当地产业的信息化建设和发展。智慧产业信息化建设要注重以下四个方面。

（1）产业应当提高从领导至全体员工的信息化意识，系统地了解信息化建设的知识，从产业发展的战略高度认识信息化的重要性，提高产业信息化建设的内在主动性。

（2）产业在信息化建设过程中要结合实际，循序渐进、量力而行。每个产业及企业都有自己的特点，其信息化建设也应该"量体裁衣"，不能盲目跟风。

（3）产业信息化建设要引进先进的管理理念，建立与先进的管理思想相一致的企业文化，使其不仅是先进的管理程序和手段，实际上也体现了先进的管理理念和管理思想。

（4）产业发展应当抓紧培养和引进一批既善于经营管理、又懂现代信息技术，还具有先进管理理念的复合型人才。与此同时建立完善的用人机制，以便留住产业及企业需要的信息化人才。

（三）智慧城市的发展蓝图

第一，一体整合大平台。一体整合大平台是构成新型智慧城市政务信息资源和社会信息资源互联互通的共享平台。运用"信息栅格"开放的体系架构，采用以"平台为中心"的分级分类的总体结构；以城市级共享信息一级平台为核心，形成与行业级二级平台、业务级三级平台的分级和政府政务、城市社会治理、社会民生、企业经济的分类数据与信息紧密相连的智慧化信息资源共享体系，为构建全国一体化的国家大数据中心奠定基础。

第二，共享共用大数据。共享共用大数据是构成新型智慧城市政务大数据和社会大数据采集、存储、应用的共享交换平台。

第三，安全可控大网络。新型智慧城市"天地一张栅格网"的核心是一个安全可控的大型网络，作为网络融合与安全中心。我们运用开放的"信息栅格"体系架构，构建以"网络为中心"的分级分类的总体结构。以城市级互联网为基础，我们形成了一个大型网络体系，该体系与各级政府的电子政务内网和电子政务外网分级，并与政府政务、城市社会治理、社会民生、企业经济的分类数据和信息紧密相连，实现了网络融合与安全可控的一体化。

第四，协同联动大系统。新型智慧城市协同联动大系统建设以跨部门、跨地区协同治理为新型智慧城市系统工程建设的主要形态，建成执政能力、民主法治、综合调控、市场监管、公共服务、公共安全等大平台、大数据、大网络的协同联动的大系统体系。形成国家协同治理的新格局，满足跨部门、跨地区综合调控、协同治理，一体服务需要，支撑国家治理创新取得突破性进展。

第五，"三中心一平台"信息基础设施。新型智慧城市网络融合与安全中心、大数据资源中心、运营管理中心、信息共享一级平台，即"三中心一平台"是新型智慧城市"六个一"核心要素的具体体现。"三中心一平台"是打通"信息壁垒"，消除"信息孤岛"，避免重复建设的信息基础设施，是解决网络融合与安全，信息互联互通、数据共享交换，业务协同联动的根本方法和措施。

二、智慧城市与图书馆智慧体系

（一）智慧城市与图书馆智慧化体系要素组成

智慧城市是以网络组合支撑，集成新一代智慧技术，高端发展智慧产业，提供高效便民的智慧服务为核心特征的城市发展模式。这种城市模式的出现不仅仅是技术的革新，更是对城市管理和社会生活的深刻变革。首先，智慧城市的出现改变了政府、企业和人们的交往方式。政府借助智慧技术更加高效地监督和协调城市运行，企业则能够通过智能化的方式规范运作，而市民也能够更广泛地参与到城市管理中来。其次，智慧城市能够快速、智能地响应不同需求，提高城市运行效率，为市民提供更加舒适幸福的生活空间。这一切都得益于智慧技术的高度融合与应用，使得城市运行更加智能、高效。

智慧图书馆作为智慧城市的社会单位之一，扮演着重要的角色，通过智慧化体系的形成，支持着整个智慧城市的建设与发展。其构建要素主要包括物质、技术和服务三个层面。其中，服务层面最能体现图书馆的核心价值和服务水平。智慧图书馆不仅仅是传统图书馆的延伸，更是将人、技术、服务与智慧城市完美融合，促使智慧型图书馆模式在智慧城市环境中焕发新活力。通过技术的运用，智慧图书馆能够更加智能地满足读者的需求，提供更加个性化、多样化的服务。同时，智慧图书馆也能够与其他智慧城市的组成要素相互配合，共同促进城市的发展与进步。

（二）图书馆智慧化体系构建面临的问题

智慧城市设计包含三个方面内容：一是基础设施的搭建，二是信息数据的整合共享，三是资源的智慧化应用。对图书馆而言，脱离了智慧城市建设环境的相互协作，要想单独构建自己的智慧体系将面临以下问题：

第一，资金问题是智慧图书馆建设的主要挑战之一。从射频识别电子标签到网络系统、设备采购再到日常维护，智慧图书馆的建设与运营需要巨额资金投入。这些资金的获得可能需要依赖政府资助、捐赠以及其他财政来源。因此，寻找并合理利用资金是智慧图书馆建设的首要任务之一。

第二，技术问题也是智慧图书馆建设的重要考量。智慧图书馆涉及多种前沿技术，如射频识别技术、云计算和通信技术。为了实现这些技术的有效整合，需要专业的技术团队进行全面协调与解决。只有技术上的确保才能够保障智慧图书馆的顺利运行。

第三，标准问题是智慧图书馆建设中的一大难题。目前缺乏统一的行业标准，导致自动化集成系统与物联网技术的整合、通信标准等方面存在着不少问题。因此，建立并推广行业标准，是智慧图书馆建设中必不可少的一环。

第四，数据整合问题是智慧图书馆面临的另一个挑战。由于图书馆数据规划意识不足，物联网研发缺乏统筹规划，导致了资源共享不足的情况。要解决这一问题，需要建立完善的数据规划体系，确保各个系统之间的数据共享和交流。

第五，人才问题也是智慧图书馆建设的一大挑战。智慧图书馆的成功运行需要大量的智慧图书馆馆员，他们既要具备技术水平，又要具备管理能力。因此，培养更多的智慧图书馆馆员，为他们提供必要的技术与管理培训，是解决人才问题的关键所在。

三、依托"智慧之城"打造"智慧之馆"的协作共建模式

（一）整合统一的智慧管理平台

智慧城市和智慧型图书馆建设是当今社会发展的热点之一，然而在这一过程中，如何节省资金成本却是首要问题之一。尤其是在缺乏全国性政策和规范标准的情况下，各地区智慧城市和智慧型图书馆建设往往陷入高额的资金投入与资源浪费之中。以廊坊智慧城市建设为例，强调了公务云计算中心的建设。通过公务云计算中心，廊坊整合了城市各项功能，实现了统一的管理模式，从而提高了基础设施的利用率和信息资源的共享程度。这一举措在智慧城市建设中起到了关键作用，为更有效地运用城市资源和提升服务水平提供了技术支持。公务云计算中心的建设不仅为廊坊智慧城市带来了显著的成本降低，而且也成了全国首个实现多部门应用系统资源共享的典范。这一成果的取得为其他地区智慧城市建设提供了宝贵的经验和参考，也引发了对于如何更好地利用公

共资源进行智慧城市建设的深入思考。

公务云计算中心的建设不仅对智慧城市建设有着重要意义，也为智慧图书馆的建设提供了新的思路。图书馆可以通过依托政府公务云计算中心，避免重复性的投资，从而提升智慧图书馆的建设速度和服务水平。共建共享公务云平台，将为各类图书馆节省大量资金，避免盲目跟风搭建自己的智慧平台，实现了数据存取与应用的有效连接，为图书馆信息资源的共享和利用提供了新的途径和平台。

（二）建立完善的通用型标准规范

标准化建设是支撑智慧城市健康科学发展不可或缺的关键一环。智慧城市建设离不开网络、基础设施及广大用户群的参与和支持，把城市点与点之间的联系智慧地整合在一起，使其各个相关节点形成一个有机的整体，必须要有一个标准化的顶层设计。标准规范主要包括基础标准和应用标准：基础标准是与信息获取、传输和处理相关的信息通信技术标准，一般直接采用现行的国际标准、国家标准或信息通信行业标准；应用标准是智慧城市各种应用的相关标准，包括支持信息应用技术标准和各行业领域应用标准以及跨领域应用标准，这部分标准以行业主导为主。标准规范的制定对于图书馆智慧体系建设同样有着重要作用。图书馆智慧体系架构与智慧城市信息系统执行同样端口标准的对接，数据的采集组织和处理使用统一的程序标准，应用信息的共建共享实行规范的操作流程等，这些都可以节约资源、降低成本、保证信息利用渠道畅通，提高通用性。面对智慧城市的发展特点，图书馆要结合智慧建设内容，在"一个图书馆"的总体框架下，根据智慧城市相关建设标准要求，遵从同一标准、同一规范、同一准则来制定基础性图书馆技术标准，推出具有操作性的实施细则，如针对统一射频识别技术应用标准，上海交通大学、清华大学、香港城市大学三家图书馆为此成立了一个高校图书馆射频识别技术应用联盟，明确图书馆之间对于射频识别电子标签、读写器以及应用设备的共同需求和统一规范。

（三）注重智慧型人才体系的培养

一个智慧型的城市，需要有智慧型的政府、智慧型的市民和智慧型的人才，同样图书馆更需要拥有能够适应图书馆智慧化管理、运行和服务的新型智慧图书馆馆员。

作为图书馆，首先，要积极应对智慧型城市的发展要求，将图书馆智慧理念与智慧城市总体规划结合起来，在依托先进技术设备进行智慧化管理和服务的同时，既要注重培养现有人员，又要引进和依靠业务精湛的高层次、高素质人才，人才是源，没有人，智慧就无从谈起，此外还可建立激励竞争机制，保持队伍的持久稳定。其次，应加强馆员队伍的智慧服务意识教育。智慧图书馆是目前图书馆发展的最高级阶段，是图书馆生存发展的必然选择。图书馆智慧化不仅是科技手段的进步，更多的是思想观念的提高，对智慧馆员来说应该坚持实事求是、与时俱进原则，把智慧服务工作作为实现自我价值的平台，增强自身的使命感和责任感。最后，从技术技能上做好准备。数字化、网络化、智能化、云计算等信息技术的应用是图书馆智慧化的重要标志之一，智慧馆员掌握和利用好相关的软件和技术是推动图书馆智慧服务稳定高效运行的可靠保证，同时通过"走出去、请进来"，开展人才横向交流也可以使馆员学到许多先进的知识和技能，为拓展智慧服务模式打下基础。

（四）推动智慧图书馆与智慧城市的交流合作

智慧城市助力图书馆智慧建设，智慧图书馆促进城市智慧发展。图书馆作为智慧城市中的一分子，在新技术、新理念的城市改革进程中应当承担起新的社会责任，在发挥智慧宝库作用的同时为城市创造高起点、高效率的社会应用价值，进而推动城市可持续智慧发展。针对智慧城市社会服务功能的不断扩展，各级各类图书馆首先要加强与政府职能部门、社会相关产业、相关人群的沟通交流与协调合作，共同整合城市信息产业资源，打造一批地域特色明显、具有较大影响力的文化品牌；共同探索在共建共享工程、社区文化中心、农家书屋、图书馆延伸服务等公共文化服务形式及方法上的提升和发展。其次要加强与城市其他节点系统上信息服务机构之间的联系与协作，实现数据处理和数据信息共建共享。数据资源与网络资源、软件资源同等重要，互联网时代信息资料供给极大丰富，但资料供给系统的价值参差不齐，今天人们更需要资料精选系统而非增加阅读量的导航，智慧用户可以在城市信息系统平台上有针对性便捷地利用图书馆的特定智慧服务，可以使用户真正有兴趣、有目的地参与到图书馆智慧建设和管理中来，促进图书馆不断探索新的智慧服务模式。最后要积极参与城市信息化建设所需的相关技术标准和行业标准的制定与完善，确保建设资金的合理使用，避免重复浪费。智慧化、标准化应用需要创新，但要注意创新的成本与成功率，这与城市规模及发展水平相关，让资金不浪费就是最好的跨越式发展。

综合而言，智慧城市是信息社会条件下城市发展的必然选择。创建智慧城市可以带动当地各行各业智慧创新，产业升级，百姓安居乐业，共享智慧生活，同时还可以提升城市品牌的影响力。图书馆作为城市信息资源的集散中心，只有与城市的智慧运行发展有机结合起来，才能保障智慧图书馆快速有序地发展。图书馆智慧化不仅需要结合本馆特点，加强自身全方位的系统规划，而且必须建立一套与智慧城市相融合的协调机制，在城市一体化框架内加强合作，互助共赢。在具体实施过程中，不能脱离智慧城市建设的大环境，更不要盲目求全，只重技术应用而忽视了观念转变，物联网、云计算等现代信息技术毕竟只是工具，管理体制的完善、服务理念的转变、人员素质的提高才是建设智慧型图书馆的关键。

第二节 个性化推荐与智能咨询

随着大数据、人工智能等技术的不断进步，图书馆的传统服务模式已无法满足现代读者的多元化需求。为了更好地适应这一变革，图书馆必须积极探索个性化推荐与智能咨询服务的新模式，提升服务质量，优化用户体验。

一、图书馆个性化推荐服务

（一）个性化推荐的原理

在数字化时代，信息呈现爆炸式增长，如何从海量信息中筛选出符合个人需求的内容，成为一个亟待解决的问题。个性化推荐技术应运而生，它通过分析用户的个人背景、专业、习惯、爱好等，为用户提供精准的信息推荐服务。

个性化推荐的核心原理在于用户兴趣的挖掘与匹配，以及信息资源的再分配。具体来说，推荐系统会收集用户的历史行为数据，如浏览记录、购买记录、搜索关键词等，这些数据构成了用户兴趣模型的基础。通过对这些数据的深入分析，系统能够捕捉到用户的兴趣偏好和消费习惯，从而构建出独特的用户画像。

当用户再次访问平台时，推荐系统会根据用户画像和实时行为，从海量的信息库中筛选出符合其兴趣的内容进行推送。这种推送方式不再是传统的"千人一面"，而是实现了"千人千面"的个性化服务。

（二）图书馆个性化推荐的技术实现

在信息技术日新月异的今天，图书馆作为知识和信息的集散地，正面临着前所未有的挑战与机遇。为了更好地满足读者的多元化需求，图书馆必须借助先进的技术手段，实现服务的个性化与智能化。

1. 用户兴趣模型的建立

用户兴趣模型是个性化推荐系统的核心组件之一，它负责捕捉和表示用户的兴趣特点。为了构建精准的用户兴趣模型，图书馆可以利用数据挖掘技术，深入分析用户的历史行为数据。这些数据包括用户的借阅记录、搜索历史、浏览记录等，蕴含着丰富的用户兴趣信息。

具体来说，图书馆可以通过以下步骤建立用户兴趣模型：

首先，图书馆需要收集并整理用户的历史行为数据，包括借阅记录、搜索关键词、浏览页面等。这些数据需要经过预处理，如清洗、去重、标准化等，以保证数据的质量和一致性。

其次，图书馆需要从预处理后的数据中提取出能够反映用户兴趣的特征。这些特征可以是显式的，如用户借阅的图书类别、搜索的关键词等；也可以是隐式的，如用户的浏览时长、点击率等。提取出的特征需要被有效地表示，以便于后续的模型构建和算法处理。

在特征提取和表示的基础上，图书馆可以利用机器学习等技术构建用户兴趣模型。这些模型可以是基于规则的，也可以是基于统计学习的，具体选择哪种模型取决于数据的特性和问题的复杂性。模型构建完成后，需要利用历史数据进行训练，以优化模型的参数和性能。

最后，图书馆需要对构建好的用户兴趣模型进行评估，以验证其有效性和准确性。评估的方法可以是离线评估，如交叉验证、准确率评估等；也可以是在线评估，如A/B测试、用户反馈等。根据评估结果，图书馆可以及时调整和优化模型，确保其能够持续、准确地反映用户的兴趣变化。

2. 推荐算法的应用

推荐算法是个性化推荐系统的另一大核心，它负责根据用户兴趣模型和图书馆的资源信息，为用户生成个性化的推荐列表。目前，主流的推荐算法包括基于内容的推荐、协同过滤推荐以及混合推荐等。

基于内容的推荐：这种推荐方法主要是通过分析用户历史行为数据和图书馆资源的元数据（如标题、作者、关键词等），发现用户感兴趣的主题或类别，并推荐相似的资源。例如，如果用户经常借阅科幻小说，那么基于内容的推荐算法就会为其推荐更多的科幻类图书。

协同过滤推荐：协同过滤是一种利用用户之间的相似性来推荐资源的方法。它通过分析用户的历史行为数据，找出具有相似兴趣的用户群体，并将这些用户群体喜欢的资源推荐给目标用户。例如，如果用户A和用户B都喜欢借阅历史类图书，那么当用户A借阅了一本新的历史类图书时，协同过滤算法就可能会将这本书推荐给用户B。

混合推荐：混合推荐是将基于内容的推荐和协同过滤推荐结合起来，以充分利用两者的优势并弥补各自的不足。通过结合用户兴趣模型的精准性和协同过滤的泛化能力，混合推荐算法能够为用户提供更加全面、准确的个性化推荐服务。

3．界面设计的优化

除了用户兴趣模型和推荐算法外，界面设计也是个性化推荐系统中不可忽视的一环。一个简洁明了、友好易用的界面能够大大提高用户的使用体验和满意度。

在界面设计方面，图书馆可以遵循以下原则进行优化：

简洁明了：界面设计应追求简洁明了，避免过度复杂和混乱的设计元素。通过合理的布局和清晰的导航，确保用户能够轻松找到所需的信息和功能。

友好易用：界面应提供友好的交互方式，如明确的操作提示、直观的按钮设计等。同时，考虑到不同用户的使用习惯和需求差异，界面应具有一定的可定制性和灵活性。

视觉舒适：界面的视觉设计应符合用户的审美习惯和心理预期，采用合适的色彩搭配、字体大小和图标设计等元素，确保用户在长时间使用过程中不会感到疲劳或不适。

（三）图书馆个性化推荐的应用场景

在信息技术和大数据技术迅猛发展的时代背景下，图书馆作为知识与信息的集散地，正经历着前所未有的变革。个性化推荐服务，作为图书馆创新服务的重要一环，已经深入到图书馆的各个应用场景中，极大地提升了读者的阅读体验和信息获取效率。

1. 基于借阅历史的推荐

借阅历史是反映读者阅读兴趣和偏好最直接的数据来源。图书馆通过分析读者的借阅记录，可以精准地掌握读者的阅读喜好，进而为其推荐相同或相似主题的图书。这种推荐方式不仅满足了读者的深度阅读需求，还能帮助读者发现更多符合其兴趣的新书。

例如，一位经常借阅历史类图书的读者，图书馆可以为其推荐更多关于历史研究、历史人物传记或历史事件分析的书籍。这样的推荐既能够延续读者的阅读兴趣，又能够拓宽其阅读视野，让读者在深度阅读中获得更多的知识和启发。

2. 基于用户行为的推荐

除了借阅历史外，用户在图书馆的其他行为也蕴含着丰富的信息。图书馆可以实时跟踪用户在馆内的行为，如浏览记录、搜索关键词、停留时间等，并据此动态调整推荐内容。这种基于用户行为的推荐方式，能够更加及时、准确地捕捉读者的阅读需求，实现精准推送。

以搜索关键词为例，如果一位读者在图书馆网站上频繁搜索关于编程语言的资料，图书馆可以判断该读者对编程有着浓厚的兴趣。因此，在为其推荐图书时，可以优先推送关于编程入门、编程语言教程或编程实战案例等相关的书籍。这样的推荐既能够帮助读者快速找到所需的信息，又能够引导其进行更深入的学习。

3. 多场景融合推荐

现代读者的阅读需求已经不仅仅局限于单一的阅读场景。图书馆需要结合读者的学习、工作、生活等不同场景，提供多元化的信息推荐服务。这种多场景融合的推荐方式，旨在满足读者在不同情境下的信息需求，提升信息服务的针对性和实用性。

例如，对于一位在校学生，图书馆可以根据其课程安排和学习进度，为其推荐相关的教材、辅导书以及拓展阅读材料。对于职场人士，图书馆则可以关注其所在行业的发展动态和热点话题，为其推送行业报告、专业书籍以及职场技能提升的课程信息。而对于生活场景，图书馆可以结合读者的兴趣爱好和生活习惯，为其推荐旅游指南、健康养生书籍以及文化娱乐活动等相关的资讯。

多场景融合推荐的实现需要图书馆具备强大的数据整合和分析能力。图书馆需要打通馆内外的数据壁垒，将读者的借阅记录、行为数据以及外部的资源信息进行有效的整合和挖掘。同时，图书馆还需要借助先进的推荐算法和技术手段，实现多场景下信息的精准匹配和推送。

二、图书馆智能咨询服务

随着信息技术的飞速发展，图书馆作为知识信息的集散地，正面临着前所未有的转型与升级。其中，智能咨询服务作为图书馆服务创新的重要一环，正日益受到广泛关注。

（一）智能咨询服务的构建基础

1. 大数据技术的应用

在智能咨询服务的构建过程中，大数据技术的应用发挥着至关重要的作用。大数据技术能够帮助图书馆全面收集、整理和分析用户数据，从而为智能咨询提供坚实的数据支撑。

具体来说，图书馆可以利用大数据技术对用户的借阅记录、搜索历史、浏览行为等进行深度挖掘和分析。通过这些数据，图书馆能够精准地掌握用户的阅读偏好、信息需求和使用习惯，进而为用户提供更加个性化、精准化的智能咨询服务。例如，根据用户的借阅记录和搜索历史，图书馆可以推荐相似的书籍或相关领域的文献资源，满足用户的深度阅读需求。

此外，大数据技术还可以帮助图书馆优化资源配置、提升服务效率。通过对用户数据的分析，图书馆可以合理调整馆藏结构、优化资源布局，确保用户能够更加便捷地获取所需的信息资源。同时，图书馆还可以利用大数据技术对服务流程进行监控和优化，及时发现并解决服务中存在的问题，从而提升用户满意度和服务质量。

2. 人工智能技术的融合

除了大数据技术外，人工智能技术的融合也是智能咨询服务构建的关键。借助自然语言处理、机器学习等人工智能技术，图书馆可以实现智能咨询服务的自动化和智能化，进一步提升服务效率和质量。

自然语言处理技术能够帮助图书馆智能分析用户的提问，准确理解用户的语义和意图，并给出相应的回答或建议。这使得用户无须经过复杂的检索过程，即可快速获取所需的信息或解答。同时，自然语言处理技术还可以支持多语种服务，满足不同语种用户的需求，提升服务的国际化和包容性。

机器学习技术则能够帮助图书馆不断优化智能咨询服务的质量和效率。通过对用户行为和反馈数据的持续学习，机器学习模型可以逐渐提升对用户需求的预测能力和服务精准度。例如，根据用户的反馈数据，机器学习模型可以自动调整推荐算法，为用户提供更加符合其兴趣和需求的推荐结果。这种持续优化的能力使得智能咨询服务能够不断适应用户需求的变化，保持服务的先进性和竞争力。

通过充分利用这些技术，图书馆可以为用户提供更加便捷、高效、个性化的智能咨询服务，满足用户日益增长的信息需求和服务期望。同时，这也将推动图书馆服务的持续创新和转型升级，为图书馆事业的未来发展注入新的活力和动力。

（二）智能咨询服务的功能特点

在信息技术高速发展的背景下，智能咨询服务正逐渐成为图书馆等信息服务机构不可或缺的一部分。这种新型的服务方式凭借其自动化答疑、智能引导和个性化建议等功能特点，为用户提供了更为高效、便捷的咨询体验。

1. 自动化答疑

通过预先设置的问题库和答案库，系统能够自动识别并回答用户提出的常见问题，从而大大减轻人工咨询的压力。这不仅提高了咨询服务的响应速度，也确保了问题回答的准确性和一致性。

例如，在图书馆智能咨询系统中，用户可以输入"借阅证丢失如何补办"等常见问题，系统会立即从答案库中检索出相关信息，并给出详细的解答步骤。这种即问即答的服务模式，极大地提升了用户的咨询满意度。

2. 智能引导

除了自动化答疑外，智能咨询服务还具备智能引导的功能。当用户提出的问题超出预设问题库范围时，系统能够智能分析用户的语义和需求，引导用户至相关信息资源或服务页面。这种引导不仅有助于用户快速找到所需信息，还能发现更多相关资源，从而拓宽用户的信息视野。

例如，用户在咨询有关"量子物理"的学术问题时，智能咨询系统可能无法直接给出详细答案，但系统可以根据用户的提问，智能推荐相关的学术数据库、期刊论文或专家学者的研究页面，帮助用户进一步深入探究该领域。

3. 个性化建议

在图书馆领域，这意味着系统可以根据用户的借阅历史、搜索记录和浏览行为等数据，为用户提供个性化的图书推荐、阅读建议或学习资源。

例如，对于经常借阅历史类书籍的用户，智能咨询系统可以结合其过去的借阅记录和阅读偏好，为其推荐新出版的历史类书籍、相关的历史研究资料或线上历史讲座。这种个性化的推荐服务不仅能够帮助用户发现更多符合其兴趣的优质资源，还能够提升用户的阅读体验和学习效果。

第三节 智慧图书馆的用户体验与优化

一、用户需求挖掘

为了更好地满足各类用户群体的需求，对智慧图书馆的用户需求进行深入挖掘显得尤为重要。

（一）用户群体分析

智慧图书馆的用户群体多样，主要包括学生群体、教职工群体、社会读者群体以及特殊用户群体（如残障人士、老年人等）。每个群体都有其独特的阅读需求和习惯。

学生群体是智慧图书馆的主要用户之一，他们通常对学术资源、课外读物以及在线学习资料有着较高的需求。教职工群体则更注重专业书籍和科研资料的获取，以便进行教学和研究工作。社会读者群体则更为广泛，他们的阅读需求涵盖了文学、艺术、科普等多个领域。而特殊用户群体，如残障人士和老年人，他们对智慧图书馆的无障碍服务和便捷性有着更高的要求。

（二）需求调研方法

为了深入了解各类用户群体的需求，可以采用多种调研方法，包括问卷调查、深度访谈、用户行为观察以及数据分析等。

问卷调查是一种广泛应用的调研方法，通过设计合理的问卷，可以收集到用户对智慧图书馆服务、资源、环境等方面的意见和建议。深度访谈则可以针对特定用户群体进行，通过面对面的交流，深入了解他们的阅读需求、使用习惯以及对智慧图书馆的期望。用户行为观察则可以通过实地观察用户在图书馆内的行为，了解他们的借阅习惯、信息检索方式等，从而为优化服务提供依据。数据分析则可以利用图书馆现有的借阅记录、搜索日志等数据，挖掘用户的潜在需求和行为模式。

（三）关键需求点提炼

通过对用户群体分析和需求调研，可以提炼出智慧图书馆的关键需求点，主要包括便捷性、个性化、互动性、舒适性和安全性。

便捷性是用户对智慧图书馆的基本要求之一。用户希望能够快速找到所需的书籍或资料，避免在浩瀚的书海中迷失方向。因此，智慧图书馆应提供高效的检索系统和导航服务，帮助用户迅速定位所需资源。

个性化是现代用户追求的重要体验。用户希望智慧图书馆能够根据自己的阅读习惯和兴趣推荐相关内容，提供定制化的服务。这要求智慧图书馆具备强大的数据分析能力，能够准确捕捉用户的偏好和需求，并据此进行个性化推荐。

互动性则是提升用户体验的关键环节。用户期望能够与图书馆及其他读者进行有效交流，分享阅读心得和体验。因此，智慧图书馆应提供便捷的互动平台，如在线社区、读者论坛等，促进用户之间的交流与合作。

舒适性也是用户对智慧图书馆的重要期望。一个良好的阅读和学习环境能够提升用户的阅读体验感和学习效率。因此，智慧图书馆应关注物理环境的优化，如提供宽敞明亮的阅读空间、舒适的座椅和照明设施等，同时也要注意数字环境的改善，如优化网络连接、提升资源加载速度等。

安全性是保障用户信息和交易安全的重要基石。智慧图书馆应采取严格的安全措施，保护用户的个人隐私和数据安全，确保用户在享受服务的过程中不受任何安全威胁。

二、界面设计优化

在智慧图书馆的建设中，界面设计是至关重要的一环，它直接影响着用户的使用体验和满意度。一个优秀的界面设计应该能够清晰地展现信息架构，提供直观的导航，以及呈现吸引人的视觉效果，同时还需要注重交互元素的细节设计。包括界面布局与导航、视觉设计和交互元素三个方面。

（一）界面布局与导航

首先，清晰的信息架构和层级关系是界面设计的基石。智慧图书馆应该建立一个逻辑严密的信息组织体系，使得用户能够轻松地找到所需的信息。通过合理的分类和标签系统，可以将图书馆的丰富资源进行有效的归类和呈现。此外，采用层级关系的设计，可以引导用户逐步深入探索，减少信息迷航的可能性。

其次，直观的导航菜单和标签系统是提升用户体验的关键。导航菜单应该简洁明了，易于理解，且位置醒目。通过采用扁平化的设计理念，可以减少用户的点击次数，提高操作效率。同时，标签系统的运用可以帮助用户快速定位到感兴趣的内容区域，提升信息的查找速度。

最后，搜索功能的优化与突出也是不容忽视的一环。智慧图书馆的搜索功能应该具备智能化、精准化的特点，能够根据用户的输入快速返回相关结果。此外，搜索框的位置应该显眼且易于触达，方便用户随时进行搜索操作。通过不断优化搜索算法和丰富搜索提示，可以进一步提升用户的搜索体验。

（二）视觉设计

在视觉设计方面，首先，需要符合品牌形象的色彩和风格设计。智慧图书馆应该根据自身的定位和特色，选定一套与品牌形象相符的色彩和风格。通过统一的视觉元素，可以增强用户对图书馆的辨识度和归属感。同时，色彩和风格的运用也需要考虑到用户的心理感受和使用习惯，以营造舒适、愉悦的阅读氛围。

其次，图标、图片和文字的合理运用与搭配也是提升视觉效果的重要手段。图标和图片可以直观地展示信息内容，增强用户的理解力。而文字的排版和呈现方式则需要考虑到易读性和美观性的平衡。通过合理的图文混排和字体选择，可以让用户在浏览信息时更加轻松愉悦。

最后，响应式设计是适应不同终端设备的关键。随着移动互联网的普及，越来越多的用户使用手机、平板等设备访问智慧图书馆。因此，界面设计需要兼顾不同设备的屏幕尺寸和分辨率，确保在各种终端上都能呈现良好的视觉效果和用户体验。通过采用流式布局、弹性盒子等响应式设计技术，可以实现界面的自适应和灵活调整。

（三）交互元素

在交互元素方面，首先，需要关注按钮、链接等交互组件的设计规范。按钮和链接是用户与界面进行交互的重要触点，它们的设计应该符合用户直觉和习惯。例如，按钮的形状、颜色和大小需要便于用户点击，同时按钮上的文字也需要简洁明了地表达其功能；而链接的文本则需要清晰地标明其指向的内容，避免用户产生误解或迷失方向。

其次，动画和过渡效果的恰当使用可以提升用户的操作体验。通过合理的动画设计，可以引导用户的注意力，增强用户对操作结果的感知。而过渡效果则可以平滑地切换不同的界面状态，减少用户的视觉断层感。然而，需要注意的是，动画和过渡效果的使用需要适度且符合场景需求，避免过度炫技或干扰用户的正常操作。

最后，错误提示和反馈机制的完善也是保障用户体验的重要环节。当用户在进行操作时遇到错误或问题，智慧图书馆应该及时给出明确的提示和反馈。通过友好的错误提示信息，可以帮助用户快速定位问题并找到解决方案。同时，建立完善的反馈机制还可以收集用户的意见和建议，为后续的界面优化提供参考依据。

三、用户交互体验提升

为了进一步提升用户的交互体验，智慧图书馆需要在简化操作流程、增强互动性以及提供个性化推荐与服务等方面下功夫。

（一）简化操作流程

智慧图书馆的首要任务是让用户能够轻松、快速地获取所需信息和服务。因此，减少操作步骤和点击次数显得尤为重要。例如，通过整合各类资源和服务，提供一个统一的入口，使用户无须在不同的页面和平台之间跳转。此外，提供一键式服务或快捷功能，如"一键借阅""快速续借"等，可以进一步简化用户的操作流程。

同时，优化表单填写和验证过程也是提升用户体验的关键。智慧图书馆可以采用智能填充技术，自动为用户填写部分信息，减少手动输入的错误和时间成本。此外，通过合理的验证机制，如验证码、短信验证等，确保用户信息的安全性和准确性，同时避免烦琐的验证步骤。

（二）增强互动性

为了提升用户的参与感和归属感，智慧图书馆需要引入更多的社交功能。例如，允许读者对书籍进行评论、分享阅读心得，或者创建读书小组进行线上讨论。这些功能不仅可以促进读者之间的交流，还可以帮助图书馆更好地了解读者的需求和反馈。

此外，提供在线咨询服务或智能助手支持也是增强互动性的有效手段。当用户遇到问题时，可以随时向图书馆咨询并获得及时的回复。而智能助手则可以根据用户的历史行为和偏好，提供个性化的建议和帮助。

举办线上活动或竞赛也是吸引用户参与的好方法。例如，定期举办线上读书会、征文比赛等，鼓励用户积极参与并分享自己的成果。这些活动不仅能提升用户的活跃度和忠诚度，还能为图书馆积累更多的优质内容。

（三）提供个性化推荐与服务

利用大数据和人工智能技术，智慧图书馆可以为用户提供更加精准和个性化的推荐服务。通过分析用户的借阅记录、浏览行为以及兴趣爱好等信息，图书馆可以为用户推荐符合其需求的书籍和资源。同时，根据用户的学习目标和进度，图书馆还可以提供定制化的阅读计划和学习路径。

为了不断优化推荐算法和服务质量，智慧图书馆还需要积极收集并分析用户的反馈和评价信息。通过定期的调查问卷、用户访谈等方式，了解用户对推荐服务的满意度和改进意见。这些反馈信息将为图书馆提供宝贵的参考依据，帮助其不断完善和优化个性化推荐与服务体系。

四、环境舒适度提升

随着科技的进步和读者需求的多样化，智慧图书馆的建设越来越受到关注。在追求高效、便捷服务的同时，图书馆的环境舒适度也成为评价其服务质量的重要指标。一个舒适、宜人的阅读环境，不仅能够提升读者的阅读体验，还能够提高图书馆的使用率和读者的满意度。因此，智慧图书馆需要从物理环境和数字环境两个方面进行优化，以提升整体的环境舒适度。

（一）物理环境优化

物理环境是读者直接接触并感知到的环境，对读者的阅读体验有着直接影响。因此，智慧图书馆应重视物理环境的优化，为读者提供一个宽敞明亮、舒适宜人的阅读空间。

首先，合理规划空间布局是提升物理环境舒适度的关键。图书馆应根据读者的使用习惯和阅读需求，科学划分不同的功能区域，如阅读区、借阅区、休息区等。每个区域都应有明确的标识和指示，方便读者快速找到所需区域。同时，阅读区域应设置得宽敞明亮，避免过于拥挤或昏暗，以确保读者能够在舒适的环境中专注阅读。

其次，配备舒适的座椅、照明和温控设施也是必不可少的。座椅的选择应考虑到读者的坐姿习惯和舒适度需求，提供软硬适中、符合人体工学的座椅。照明设施应确保光线柔和且均匀分布，避免眩光或阴影对读者的阅读造成干扰。同时，温控设施也应根据季节和天气变化及时调整，保持室内温度的适宜和稳定。

最后，为了满足不同用户的需求，智慧图书馆还应设置静音区域。静音区域应远离嘈杂的公共区域，提供隔音效果良好的阅读空间，以确保读者能够在安静的环境中专注于学习和阅读。此外，静音区域还应配备相应的隔音设备和标识，提醒读者保持安静并尊重他人的阅读需求。

（二）数字环境优化

随着数字资源的日益丰富和读者对数字化阅读的需求增加，数字环境优化也成为智慧图书馆提升环境舒适度的重要方面。一个稳定、高速且内容丰富的数字环境，能够为读者提供更加便捷、高效的阅读体验。

首先，提供高速稳定的网络连接服务是数字环境优化的基础。智慧图书馆应确保馆内无线网络的全面覆盖和高速稳定，以便读者能够随时随地访问数字资源而无须担心网络问题。同时，图书馆还应提供足够数量的网络接口和充电设施，以满足读者在使用电子设备时的需求。

其次，优化数字资源的加载速度和浏览体验也是至关重要的。图书馆应定期对数字资源进行压缩和优化处理，以减少加载时间和提高浏览速度。同时，采用先进的搜索引擎和推荐算法，帮助读者快速找到所需资源并提供个性化的推荐服务。此外，图书馆还应关注数字资源的兼容性和可访问性，确保不同设备和浏览器都能够顺畅地访问数字资源。

最后，为了保障数字资源库的内容质量和时效性，智慧图书馆应定期更新和维护数字资源库。这包括及时添加新的数字资源、删除过时或无效的资源、修复损坏的文件等。同时，图书馆还应与出版商和作者建立良好的合作关系，确保能够持续获取高质量的数字资源并为读者提供最新的学术成果和信息资讯。

五、安全性与隐私保护

在数字化、网络化的时代背景下，智慧图书馆以其高效、便捷的服务模式受到了广泛欢迎。然而，随着信息技术的深入应用，图书馆在安全性与隐私保护方面面临着前所未有的挑战。为了确保用户数据的安全传输、存储及个人隐私的有效保护，智慧图书馆必须采取一系列措施来构建坚固的安全防线。

（一）数据传输与存储安全

在智慧图书馆的运行过程中，数据传输与存储安全是保障整个系统稳定运行的基石。为了实现这一目标，图书馆需要采用先进的加密技术，确保用户数据在传输过程中得到充分的保护。通过使用SSL/TLS等安全协议，可以确保数据在传输过程中被加密，从而防止数据被非法截获或篡改。

除了数据传输安全外，用户数据的存储和访问权限管理也是至关重要的。智慧图书馆应该建立完善的数据存储机制，确保用户数据在服务器上得到安全、可靠的保存。同时，图书馆需要实施严格的访问控制策略，只有经过授权的人员才能够访问敏感数据，从而避免数据泄露的风险。

为了防止意外情况导致的数据丢失或损坏，智慧图书馆还需要定期备份数据。通过采用本地备份与云备份相结合的方式，可以确保数据的完整性和可恢复性。即使在面临硬件故障、自然灾害等突发情况时，图书馆也能够迅速恢复数据，保障服务的连续性。

（二）用户隐私保护政策

在保护用户隐私方面，智慧图书馆需要制定明确、透明的隐私政策。图书馆应该详细告知用户个人信息的收集、使用和共享方式，以便用户充分了解自己的隐私权益。同时，图书馆还应该提供用户隐私设置选项，满足不同用户对隐私保护的需求。例如，用户可以自行选择是否公开借阅记录、评论信息等，从而实现个性化的隐私保护。

在收集和使用用户信息时，智慧图书馆必须严格遵守相关法律法规，确保用户的隐私权益不受侵犯。图书馆应该明确告知用户信息的收集目的和范围，并在获得用户明确同意后进行收集。同时，图书馆需要采取合理的技术手段和安全措施来保护用户信息的安全性和保密性，防止信息被非法获取或滥用。

在用户数据的共享方面，智慧图书馆应该遵循谨慎、必要的原则。图书馆需要确保共享数据的安全性和用途的合法性，并与合作伙伴签订严格的保密协议。在未经用户明确同意的情况下，图书馆不得擅自将用户数据提供给第三方。

通过向用户普及隐私保护知识、提供安全防护指南等方式，帮助用户增强自我保护意识，共同维护智慧图书馆的安全与隐私环境。

参考文献

[1]蔡玲.基于多标签分类的智慧图书馆个性化推荐系统[J].电脑与电信，2023（06）：82-85.

[2]曹杰.用户视阈下的智慧图书馆体验研究[J].河南图书馆学刊，2019，39（01）：108-109.

[3]陈安子.物联网技术支持下的智慧图书馆建设[J].电子技术与软件工程，2023（01）：31-36.

[4]陈玲顺.大数据背景下智慧图书馆建设与发展的策略研究[J].科技资讯，2024，22（02）：225-227.

[5]陈庭生.图书馆读者工作理论与实践[M].南昌：江西科学技术出版社，2010.

[6]陈远方.智慧图书馆知识服务延伸情境建构研究[D].吉林大学，2018.

[7]符晓云.大数据时代智慧图书馆建设路径分析[J].参花（上），2023（11）：101-103.

[8]黄玮夏.古籍文献数字化与数字图书馆建设[J].情报科学，2010，28（08）：1269-1271+1277.

[9]贾佳.大数据时代智慧图书馆建设路径分析[J].文化创新比较研究，2020，4（20）：173-175.

[10]李蕊.缩微技术在图书馆古籍保护中的重要作用[J].数字与缩微影像，2022（03）：20-22.

[11]李昕朔.基于大数据时代下的智慧图书馆建设研究[J].兰台内外，2023（23）：64-66.

[12]梁达讯.浅谈古籍文献的数字化之路[J].才智，2015（29）：286-287.

[13]刘芳，高岩编著.图书馆文献资源建设研究[M].沈阳：辽宁人民出版社，

2016.

[14]刘丽冰.关于图书馆信息资源共享模式探索研究[J].才智，2015（10）：331.

[15]骆嘉.智慧型图书馆与智慧城市协作共建模式探析[J].图书馆工作与研究，2014（12）：9–12.

[16]曲盛.网络环境下文献资源共建共享策略[J].图书馆学刊，2007（04）：57–59.

[17]曲盛.网络环境下文献资源共建共享的思路与对策[J].社科纵横，2007（05）：105–107.

[18]宋丽.基于数据挖掘技术的智慧图书馆个性化推荐服务分析[J].图书馆学刊，2023，45（02）：69–73.

[19]宋莉洁.古籍文献资源整理保护与开发利用研究[J].山西青年，2022（04）：112–114.

[20]唐俊.图书馆古籍文献的数字化[J].文化产业，2023（18）：76–78.

[21]田丽梅，基于物联网的智慧图书馆建设研究[J]，图书馆学刊，2020，42（10）：101–104.

[22]汪涛，尚丽，张艳利，等.信息时代图书馆文献资源建设理论与实践[M].天津：天津科学技术出版社，2014.

[23]汪忠，匡钰.图书馆文献资源共享模式探索[J].科技经济市场，2020（06）：112–113.

[24]王芳.数字化背景下图书馆古籍保护与利用[J].文化产业，2021（24）：94–95.

[25]王建芬.浅析传统图书馆到智慧图书馆的转型[J].冶金管理，2021（11）：126–127.

[26]王璐欢，开伟.人工智能与机器人技术应用初级教程（e.Do教育机器人）[M].哈尔滨：哈尔滨工业大学出版社，2020.

[27]王日花.图书馆智能咨询体系构建和语料规则梳理研究[J].图书情报导刊，2023，8（07）：31–35.

[28]王世伟.图书馆古籍整理工作[M].北京：北京图书馆出版社，2000.

[29]王世伟.智慧图书馆引论[M].上海：上海大学出版社，2022.

[30]王小宁，马妍.室内定位技术在智慧图书馆建设中的应用探索[J].图书馆研究与工作，2022（08）：53-58.

[31]杨玉麟，屈义华编著.公共图书馆资源建设与服务[M].北京：北京师范大学出版社，2013.

[32]尹丽棠.智慧图书馆的概念、特征、构成及平台建设[J].佛山科学技术学院学报（社会科学版），2014，32（04）：82-86.

[33]张东靖.图书馆文献资源建设与信息应用研究[M].北京：华龄出版社，2018.

[34]张海波.智慧图书馆技术及应用[M].石家庄：河北科学技术出版社，2020.

[35]张娟.传统图书馆到智慧图书馆的转型分析[J].黑龙江科学，2019，10（15）：80-81.

[36]张明涓.公共图书馆古籍智慧化服务研究[J].数字图书馆论坛，2021（06）：62-67.

[37]张戎.网络环境下图书馆文献信息资源共建共享的思考[J].科技信息（科学教研），2007（16）：206.

[38]庄舒蓉.数字图书馆建设中的古籍数字化探讨[J].武汉职业技术学院学报，2012，11（05）：89-91+94.